W9-CNB-387

LOS LUGARES
MISTERIOSOS
DE LA TIERRA

Massimo Centini

LOS LUGARES MISTERIOSOS DE LA TIERRA

EDITORIAL DE VECCHI

Traducción de María Jesús Fenero Lasierra.

Diseño gráfico de la cubierta de Design 3.

Ilustraciones del autor, salvo donde se indica otra procedencia.

Mapas de Michela Ameli.

© Editorial De Vecchi, S. A. U. 2004
Balmes, 114. 08008 BARCELONA
ISBN: 84-315-2940-7

PRÓLOGO

Los progresos de la ciencia nos han convencido de que el hombre moderno es dueño de todo el saber. Pero, en realidad, poco sabemos del presente y todavía menos del pasado. En el siglo IV a. de C. Platón hablaba de un territorio llamado Atlántida con una sociedad muy evolucionada, pero no tenemos ninguna prueba del esplendor de esa mítica tierra. Afortunadamente, los apasionados de los misterios arqueológicos cuentan con otros muchos lugares cargados de interrogantes que poder visitar. Sin embargo, no es fácil orientarse entre los datos aportados por los numerosos documentos, condicionados como estamos por el materialismo dominante en las sociedades avanzadas y que el sociólogo Max Weber, para ilustrar el rechazo a lo sagrado y lo insólito, llamaba «desencanto por el mundo».

De ahí que, para captar el posible «mensaje críptico» de estos lugares, sea indispensable poner primero un poco de orden, y nada mejor que este libro para alcanzar ese objetivo.

Ordenar, describir e informar son condiciones fundamentales para animar al lector a formarse una idea propia y permitirle llegar a conclusiones que dejen de lado incluso las hipótesis científicas más consagradas. De modo que para realizar un viaje virtual a la búsqueda de los enigmas del pasado, intentaré aportar una serie de soluciones hipotéticas cuyo fin es señalar algunas coincidencias, consciente de estar moviéndome dentro de las diversidades estructurales, temporales y culturales que identifican a todo lugar misterioso. En el ámbito de la física cuántica se parte de la presunción de que existe en la naturaleza —desde las partículas elementales a las galaxias— una especie de conciencia, lo que supondría aceptar la hipótesis de una mente global y universal que lo abarca todo. El físico Erwin Schrödinger ha escrito al respecto: «La conciencia es como un teatro, es precisamente el único teatro donde se representa lo que sucede en el universo, el recipiente que contiene todo, absolutamente todo, y fuera de él no existe nada».

Entonces, si la realidad natural es una manifestación de un principio mental universal, el hombre con sus actos ¿qué papel desempeña? Llegados a este punto, resulta sencillo caer en un vulgar antropocentrismo al afirmar que el hombre es la mente más evolucionada del sistema. Pero ¿es el cerebro el que crea la mente o la mente la que crea el cerebro? Es más ¿puede existir la mente (tener conciencia) sin el cerebro?

Según el filósofo Karl Popper, lo más importante, porque permanece en el tiempo, es el mensaje, la idea, que en el caso de un libro, aunque se traduzca a otras lenguas, es traducir el pensamiento del autor; lo que cuenta, en definitiva, es el «mundo» que contiene la herencia cultural del género humano.

Por consiguiente, todos los lugares misteriosos son poseedores, con sus edificaciones y sus señas de identidad, de un mensaje: el problema de fondo es cómo descodificar el significado.

Si las señales que utiliza la naturaleza para manifestarse (en el reino mineral, vegetal y animal) fueran como el lenguaje de un auténtico organismo viviente, pensante, con una fisiología y un carácter, y si la intervención humana provocara interacciones de ese tipo, el hábitat (natural, rural, urbano, etc.) se convertiría en el *habitus*, como cualidad incorporada a la propia esencia planetaria y, por tanto, al principio unificador y generador global.

El físico James Lovelock y la bióloga Lynn Margulis han formulado «la hipótesis Gaia», que define a la Tierra como un ser viviente. Según esta teoría, a cada lugar geográfico le correspondería una zona del cuerpo físico de nuestro planeta y cada intervención humana sobre el territorio no sería casual, sino dictada por la interacción consciente, también desde el plano energético, con niveles de conciencia muy coherentes entre sí. Todas las cosas estarían entonces íntimamente relacionadas según «leyes establecidas» que todavía no conocemos o que hemos olvidado.

Levantar un monumento probablemente equivalía para nuestros antepasados a trazar con símbolos catalizadores el lugar en que las energías humanas y de la naturaleza, incluidos los planetas y las estrellas, se entrecruzaban. La unión con la naturaleza y el animismo del hombre antiguo podría contener más verdad de lo que se cree. Con este propósito la orientación sociológica del funcionalismo estructural, mediante el análisis de las funciones latentes, explica por qué un ritual o un lugar mágico asumen dentro de una sociedad la función de eficaces integradores sociales.

Entre los lugares misteriosos más famosos, la planicie de Gizeh, en Egipto, con las tres pirámides de Keops, Kefrén y Mikerinos, es seguramente a la que más espacio ha dedicado la literatura. Entre las diversas hipótesis del porqué fueron construidas las pirámides está la que las considera «monumentos magnéticos», una especie de catalizadores de energías cósmicas, de circuitos de resonancia basados en la representación estructural a escala de proporciones presentes en el sistema solar.

Otro ejemplo que confirmaría la hipótesis de que los lugares misteriosos son en realidad «zonas vitales energéticas especiales» del planeta Tierra puede apreciarse en el monumento megalítico más famoso del mundo, el de Stonehenge en Inglaterra. El trazado de Stonehenge permite suponer que se trataba de un observatorio astronómico. De hecho, a comienzos del siglo XIX, el astrónomo inglés Norman Lockyer refería en un tratado que las piedras del lugar estaban orientadas hacia el sol y las estrellas.

¿Qué decir, por ejemplo, de las líneas de Nazca, en el altiplano peruano, que, a modo de gigantesca paleta, sólo pueden apreciarse desde arriba y que se han definido como un gran libro de astronomía? ¿Y de la Isla de Pascua con sus gigantes de piedra que miran las estrellas? En fin, podría-mos seguir con muchos ejemplos, y esa ha sido precisamente la tarea del autor de este libro, que pasa revista a numerosos lugares misteriosos. Pero ha ido más lejos, puesto que también los ha relacionado con el universo de las leyendas y las creencias, ampliando así el campo cognitivo. Además, un esquematismo rígido habría conducido a un tratamiento árido, muy alejado de la impronta narradora de Massimo Centini.

VALERIO SANFO

NOSCE TE IPSVM

ÁFRICA

GIZEH

El universo religioso egipcio

Egipto significa en griego «don del Nilo», y pocas veces la denominación de un país es tan precisa y puntual. De hecho, el esplendor alcanzado por la cultura del antiguo Egipto tuvo un referente fundamental precisamente en el río, el cual, con su curso imparable y sus crecidas, prodigó fertilidad y riqueza a esas tierras áridas.

En un periodo comprendido primordialmente entre la I dinastía (3200 a. de C.) y el inicio de la llamada Época Tardía (715-330 a. de C.), Egipto alcanzó un grado de civilización y de tradiciones que todavía hoy constituye un documento emblemático de la cultura mediterránea, en muchos aspectos incomparable.

La cultura occidental suele tener una imagen de los antiguos egipcios deformada por el mito y la interpretación literaria. La historia de las gentes del Nilo, sin embargo, no está constituida sólo por las pirámides (realizadas en un breve periodo) o las maldiciones de los faraones y de Tutankamón. Todo lo contrario. En su largo desarrollo, la historia de los egipcios ha estado marcada por grandes obras y empresas que han dejado un rastro teñido de cierta aura de misterio, pero no por eso fuera de los márgenes de la historia. A impregnar esta cultura de innumerables enigmas ha contribuido fundamentalmente su complejo y articulado universo religioso. Un simple recorrido por las divinidades del antiguo pueblo de las pirámides

requeriría un tratamiento mucho más amplio, pues su panteón estaba constituido por un número ilimitado de seres divinos que desempeñaban funciones fundamentales en la vida del hombre común. Todo estaba dotado de un carácter sagrado, por lo que todo ser vivo podía relacionarse con lo divino y como tal convertirse en objeto de culto.

El mundo de las divinidades egipcias era muy complejo, pero al mismo tiempo estaba regulado por una especie de unidad armónica que convertía a este universo en «otro» y paralelo a la vida del hombre normal, la del faraón o el sacerdote. En ese mundo convivían divinidades veneradas en todo el país con las locales y menores, y con otras que desempeñaban funciones específicas.

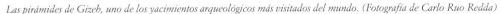

Las pirámides de Gizeh, uno de los yacimientos arqueológicos más visitados del mundo. (Fotografía de Carlo Ruo Redda)

⊗ LA ESCRITURA EGIPCIA

La escritura egipcia apareció en torno al 3000 a. de C., casi con seguridad originada allí, aunque los arqueólogos señalan una cierta influencia de la escritura sumeria, anterior pero más primitiva.

Por lo general, al hablar de escritura egipcia se piensa inmediatamente en la compleja grafía jeroglífica. En realidad, el pueblo del antiguo Egipto utilizó tres sistemas.

Por un lado, la grafía considerada una variante directa del jeroglífico, diseñada para escribir en papiro (la jeroglífica era predominantemente lapidaria) y que se denominaba hierática, según el nombre acuñado por los griegos. Posteriormente, en la Época Tardía, se consolidó una forma de escritura utilizada también para grabar en piedra llamada, de nuevo por los griegos, demótica. Por supuesto, la escritura a la que se reconoce mayor valor simbólico es la jeroglífica, que significa literalmente «sagradas letras grabadas», y que se utilizó hasta el siglo IV d. de C. Una importante contribución para aclarar el misterio de esta escritura, que por su complejidad y rica carga alegórica tuvo ya una amplia difusión en la magia de griegos y romanos, fue el gran trabajo en 1822 del estudioso Jean Françoise Champollion, que consiguió descifrar, mediante el análisis de las inscripciones bilingües de la piedra de Rosetta, el alfabeto sagrado que tantos esfuerzos inútiles había supuesto a muchos hombres.

Los pictogramas o ideogramas representan palabras completas de forma figurativa, mientras que los signos fonéticos indican los sonidos de las palabras. Así, en lugar de estas se colocaba un concepto pronunciado del mismo modo que la palabra que se deseaba escribir, una práctica facilitada por el hecho de que las vocales se omitieran.

El resultado constituía un extraordinario conjunto donde las partes figurativas y simbólicas se combinaban estrechamente dando vida a un lenguaje con enormes posibilidades para expresar lo sagrado y un alfabeto de los más evolucionados de la historia.

La cultura religiosa egipcia se divide en dos fases importantes, distintas y sucesivas. La primera está vinculada al mundo de los nómadas y los cazadores, y es de donde proceden las numerosas divinidades de naturaleza animal, tanto domésticas como salvajes; la segunda, más amplia, caracterizó el periodo que supuso la consolidación progresiva de la sociedad agrícola. En esta fase se veneraban divinidades que se consideraban la representación de los elementos naturales (tierra, cielo, luna, etc.).

La religión egipcia se basaba principalmente en la constante y continua toma de conciencia de que cada expresión de la naturaleza era, en cierto modo, una demostración divina y que, como tal, merecía ser objeto de veneración y considerarse una presencia importante en la vida de todo ser humano. No sólo eso. También era fundamental la zoolatría, es decir, el culto a los animales, considerados sagrados y divinizados. Sin duda, dentro de este complejo universo religioso fue condicionante el peso ejercido en el día a día, pero también en la representación mental, del culto a los muertos.

En un principio reservado sólo a los faraones, considerados una personificación de la divinidad, se difundió después entre las clases más bajas hasta alcanzar todos los estratos sociales.

El divino faraón

El término *faraón* despierta en nuestra imaginación la figura de algo imponente, misterioso, fascinante, casi de dimensiones divinas. Es un término que nos llega de la Biblia y que proviene del egipcio *piro*, que significa «casa grande». Pero no es la

única definición. El faraón, de hecho, era a menudo denominado con nombres oficiales compuestos que tenían la función de exaltar el poder y el valor del rey de los egipcios. Entre los nombres oficiales destacan por ejemplo: «Rey del Alto y el Bajo Egipto» o «El que protege a Egipto y somete a los países extranjeros». Sus emblemas solían estar caracterizados por una organizada simbología que lo colocaba en relación directa con los dioses.

Considerado un ser invencible, poseedor de dotes extraordinarias, clemente con sus súbditos e implacable con los enemigos, el faraón

⊗ ISIS Y OSIRIS

Desde los tiempos de la lejana pérdida de la independencia bajo la presión macedonia hasta la dominación romana, el culto común a todos los egipcios fue el de Osiris, el cual, como afirman algunos historiadores de las religiones, era en principio una especie de «culto primario» a partir del cual poco a poco se fue conformando otro cada vez más estructurado, destinado a desembocar en un complejo politeísmo.

Este culto, junto al de Isis, estuvo muy influenciado también por el mundo grecolatino, donde encontró amplia difusión entre las clases más pobres y humildes, que veían en la perspectiva de la religión mistérica egipcia una realización concreta de sus expectativas religiosas. Además, en el mito de Osiris se resumen varios de los motivos típicos de la religión cristiana, que encontraron su culminación especialmente en el concepto de resurrección.

11

era el punto de referencia de las gentes del Nilo, de ahí que sea fácil comprender la gran devoción por este insigne personaje y, sobre todo, la participación colectiva del pueblo en la realización de obras para dar testimonio de su gloria.

Las reglas imponían que había que acercarse al faraón «oliendo la tierra». Por tanto, los hombres se acercaban a él como si de un dios se tratara, una criatura superior a quien no se podía dirigir la mirada, sino sólo oraciones e himnos destinados a exaltar su poder.

Cada treinta años de reinado los faraones eran homenajeados con una gran fiesta (Heb-Sed), un jubileo considerado tradicionalmente como una práctica destinada a aumentar su fuerza y prolongar su vida.

Los ritos funerarios, después aplicados a toda la población, se habían elaborado al principio sólo para los faraones. Una más de las demostraciones teológicas del público reconocimiento de la naturaleza divina del Rey del Alto y Bajo Egipto que, incluso en el más allá, seguía separado del resto de los hombres. Prueba de ello son los imponentes monumentos funerarios que constituían en muchos aspectos una especie de morada ultraterrena con una distribución como sólo correspondía a la casa del faraón.

El río y los templos

El hecho de que el Nilo, como se ha visto, constituyera un punto de referencia fundamental para la cultura egipcia, hacía natural que su curso tuviera un papel determinante a la hora de regular muchas actividades locales, incluidas las religiosas. La crecida anual comenzaba entre junio y julio y terminaba entre septiembre y octubre, y el ritmo de subida y bajada de las aguas determinaba el desarrollo de las tareas agrícolas, cuya mayor o menor difusión repercutía también en el resto de las actividades locales. A este respecto debe recordarse

que, en el pasado, las grandes obras faraónicas no fueron realizadas por esclavos, sino por obreros regulares que, durante las crecidas del Nilo, no se dedicaban a la agricultura, sino que se esforzaban en la construcción de templos y grandes tumbas para mayor gloria de su Rey-Dios.

El templo era precisamente la base de la tradición egipcia. A la parte más sagrada del edificio sólo podía acceder el faraón, que todos los días entraba practicando ritos muy precisos, cuyo fin era sacralizar

✡ LAS LÁGRIMAS DE LA DIOSA

El desbordamiento de las aguas, que podía alcanzar los siete metros, se consideraba que se debía a las lágrimas de Isis por la muerte de su marido Osiris. Este halo de profunda religiosidad ha conferido siempre a las crecidas del gran río un acento marcado, hasta el punto de que todavía subsiste en el imaginario actual.

el lugar y saludar a los dioses. Posteriormente, las funciones religiosas pasaron a manos de los sumos sacerdotes, cada uno al cargo de un templo en particular. Uno de los más importantes era el de Tebas.

Pirámides: arquitectura y misterio

Sin duda, las pirámides son el mayor exponente de la aceptación de la inmortalidad del faraón, pero, sobre todo, de su grandeza, que en aquellas construcciones extraordinarias se ponía de manifiesto de forma indiscutible. Emblema universal del antiguo Egipto, este tipo de tumba sólo se utilizó en las etapas más antiguas de su historia (al igual que la mastaba, la primitiva tumba egipcia). Estaba formada por cuatro caras orientadas a los puntos cardinales y construida en piedra calcá-

rea, con partes de granito en algunas ocasiones.

Las pirámides han dado origen a múltiples interpretaciones esotéricas modernas y son el pretexto para reconstrucciones originales, a menudo completamente al margen de la historia, que han rodeado de misterio a estas insólitas joyas de la arquitectura antigua.

Con el fin de despejar un mito bastante difundido debe aclararse que, según los actuales estudios, no existe relación alguna entre las pirámides egipcias y las mesoamericanas. Las primeras se realizaron en el periodo de tiempo que comprende del Imperio Antiguo al final del Imperio Medio (2600-1789 a. de C.), mientras que la construcción de las segundas se sitúa en un periodo comprendido entre el siglo III a. de C. y el año 1300 d. de C.

Tres pirámides y muchos enigmas

Pero veamos más de cerca estas obras maestras de la arquitectura y el misterio.

Desde la Antigüedad, los hombres se han preguntado acerca de los sistemas técnicos adoptados para su construcción. Herodoto se esforzó por entender el método utilizado para levantarlas y después de

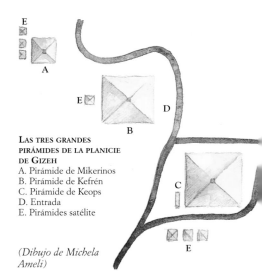

LAS TRES GRANDES PIRÁMIDES DE LA PLANICIE DE GIZEH
A. Pirámide de Mikerinos
B. Pirámide de Kefrén
C. Pirámide de Keops
D. Entrada
E. Pirámides satélite

(Dibujo de Michela Ameli)

él muchos lo han intentado hasta el punto de sugerir tesis imposibles como la intervención de extraterrestres o el conocimiento de los arquitectos egipcios de nociones completamente perdidas.

Naturalmente, la dificultad por comprender los métodos que permitieron construir esos edificios ha alimentado toda una serie de hipótesis sobre su función. Actualmente, sin embargo, los arqueólogos no albergan ya dudas: se trata de tumbas para personajes de elevada posición, casi siempre faraones. Una definición, por cierto, que no satisface del todo. La majestuosidad de las tres pirámides de la planicie de Gizeh (las de Keops, Kefrén y Mikerinos) parece indicar alguna otra función además de la de mera sepultura.

La pirámide de Keops

Sin lugar a dudas, Keops es el emblema de la cultura de la pirámide. Con una pendiente perfecta (la cúspide mide 76 grados) de 146 metros de altura y los lados de la base de 230 metros, está formada por alrededor de dos millones y medio de bloques de piedra. Desde la entrada, situada como en todas las pirámides hacia el norte, desciende un corredor hasta la cripta subterránea de donde parte una segunda vía que lleva a una cripta reservada; desde el mismo corredor también parte una gran galería de subida que conduce a la cámara del sarcófago. La galería y la cá-

LA PIRÁMIDE DE KEOPS
1. Entrada
2. Corredor en bajada
3. Cruce de galerías
4. Corredor en bajada directa a la sala subterránea
5. Sala subterránea
6. Corredor en subida
7. Cruce de las tres galerías
8. Pozo de bajada
9. Cámara de la reina
10. Galería grande
11. Cámara del rey
12. Cámaras superiores
13. Conductos de ventilación

(Dibujo de Michela Ameli)

mara están revestidas con granito y soportan el empuje del muro de encima (de unas 400 toneladas de peso).

El actual acceso a la pirámide no es el original, sino que fue abierto en el siglo IX por el califa de El Cairo Abdullah al-Mamun, que excavó un túnel para acceder al interior, convencido de encontrar tesoros o, como manda la tradición esotérica, los secretos de la sabiduría egipcia. Sin embargo, su avidez no se vio recompensada. No había rastro de los tesoros y la sabiduría de los antiguos escrita en esa estructura gigantesca dejó perplejo al profanador y no le proporcionó ningún conocimiento. La entrada primitiva está situada en cambio más arriba, en uno de los lados del edificio. El historiador romano Estrabón escribió que el acceso estaba oculto con una «piedra secreta», difícil de distinguir de las demás y que era posible mover con

facilidad por medio de un perno. Sin embargo, es probable que se trate de una leyenda.

El túnel excavado por los hombres de Abdullah al-Mamun conduce al corredor de bajada que termina, como decíamos, en una cripta subterránea cuya función está por aclarar: quizá se trataba de la sede primitiva de la tumba del faraón que después fue trasladada más arriba durante la construcción.

Con la misma inclinación del corredor descendente (29 grados), el de subida conduce a la cámara del rey y la reina (que se encuentra en primer lugar y está situada en la parte más baja del conjunto). De este punto se desemboca en la llamada «gran galería» —completamente desnuda, sin rastro de decoraciones ni de imágenes de reyes o dignatarios—, que en 48 metros sube algo menos de 9 metros hasta la cámara

✸ LA CONSTRUCCIÓN DE LA GRAN PIRÁMIDE SEGÚN HERODOTO

«Para la construcción de la pirámide fueron necesarios veinte años. Es cuadrada. Presenta en cada lado una cara de ocho pletros y una misma altura. Es de piedras pulidas y perfectamente ensambladas, ninguna de medida inferior a treinta pies. Esta pirámide fue construida en gradas, llamadas almenas o altares. Y cuando se llegaba a la cima de la construcción, las piedras restantes se subían con máquinas hechas de maderos pequeños. Se levantaban del suelo al primer piso, desde donde se llevaban al segundo piso y a otra máquina. Las máquinas eran tantas como pisos de gradas [...]. De modo que se terminaron primero las partes más altas, luego las más cercanas a esas y por último las que tocaban el suelo, las más bajas. Una inscripción egipcia en la pirámide me permite saber cuánto se ha gastado en [...] cebollas y ajos para los trabajadores. Y si no recuerdo mal cuanto me decía el intérprete mientras leía la inscripción, se pagaron mil seiscientos talentos de plata. Si esto es cierto, ¿cuánto no se habrá gastado en los instrumentos con los que se trabajaba, en la comida y las ropas de los trabajadores? Porque ya he dicho el tiempo que fue necesario para edificar estas obras. Y para cortar las piedras, transportarlas, excavar bajo tierra, se debió necesitar, a mi parecer, otro periodo de tiempo similar» (Historia, ILVII, 5).

funeraria del faraón, formada por una estructura bastante compleja que ha alimentado lógicamente la imaginación de los que han querido ver en este lugar vestigios de conocimientos perdidos y, en ciertos casos, la influencia de culturas extraterrestres. Lo cierto es que, al margen de los excesos de la imaginación, este lugar está cargado de misterio.

El gran sarcófago de piedra fue terminado dentro de la pirámide mientras el edificio estaba todavía en construcción. La razón es que, debido a su tamaño, hubiera sido imposible hacerlo pasar por los estrechos corredores. Una técnica insólita para los egipcios que añade otro pequeño enigma a esta fascinante pirámide.

Sólo unas palabras más sobre el faraón. No abundan los datos sobre su figura, pero se sabe que su forma de gobernar fue enérgica y centralizadora, de otro modo no se explicaría la construcción de esa gran pirámide, que necesitó al menos ochenta mil trabajadores, a quienes hubo que asegurar toda una serie de servicios y garantizarles, al mismo tiempo, la seguridad total durante la realización del proyecto. Según Herodoto: «Keops llegó, dicen, a tal grado de maldad que, necesitado de dinero, metió a su hija en un lupanar con la orden de recaudar una determinada suma que nunca se ha precisado [...]. Keops reinó cincuenta años y a su muerte heredó el reino su hermano Kefrén, que adoptó la misma conducta de su predecesor».

La pirámide de Kefrén

Al sur de la pirámide de Keops se yergue la de Kefrén —que reinó hasta el año 2494 a. de C.—, unos metros más pequeña, pero de volumen similar. No existen pruebas que certifiquen que el sarcófago descubierto dentro de la tumba pertenece realmente a Kefrén, además de que las noticias sobre este faraón son aún más escasas que las de su hermano, y muchas de las cosas que

Estatua de diorita que representa al faraón Kefrén

se le atribuyen se basan en hipótesis y teorías.

El interior de la pirámide es muy simple y está formado por dos corredores: uno superior, al que se accede desde fuera, y otro subterráneo; ambos conducen a la cámara funeraria que se encuentra en el centro de la construcción.

El corredor subterráneo pasa a través de una cámara de función desconocida, pero que ha dado lugar a suposiciones de todo tipo. Dentro de esta pirámide, de hecho, algunos visitantes se han sentido mal, lo que ha permitido a algunos desempolvar la vieja leyenda de la «maldición de los faraones». Casi con seguridad, las causas de este malestar deben buscarse en el propio ambiente de la tumba, el cual, a diferencia de la de Keops, no posee tomas de aire.

El espacio al que se accede desde los corredores es muy pequeño con respecto al gran volumen de la pirámide, que en un gran porcentaje

La pirámide de Kefrén, faraón al que se atribuye la construcción de la Esfinge. Es la única pirámide que conserva parte del revestimiento original

(98 %) está constituida por una estructura maciza, completamente cubierta de grandes masas de piedra. Pese a esto, muchos «cazadores de misterios» siguen insistiendo en la existencia de complejas galerías y pasadizos secretos colocados entre los bloques. Sin embargo, a día de hoy no se han encontrado dichos pasadizos y galería.

La pirámide de Mikerinos

La más pequeña de las pirámides de Gizeh es la de Mikerinos (de 66 metros de alto y 108 metros de base), considerada ya en el pasado un tanto «extraña».

Esto escribía el viajero iraquí Abdul Latif en el siglo XII: «La tercera, de una cuarta parte menor que las otras, es de granito rojo salpicado de puntos y de tal dureza que el hierro emplea un tiempo bastante largo, y con dificultad, en dejar una marca. La última parece pequeña si se compara con las otras dos, pero vista a corta distancia y sin ellas, provoca en la mente una extraña opresión y no se puede admirar sin que afecte desagradablemente a la vista».

Evidentemente, siglos de fascinación y descripciones han dejado abierta la puerta al misterio y las fantasías, y han envuelto a las pirámides de Gizeh de un aura inquietante que atrae y asusta un poco a millones de personas, que llegan a creer que tras esas estructuras imponentes, último vestigio de las siete maravillas del mundo, se esconden secretos desconocidos. Secretos que nos superan y que son resultado de un conocimiento que ni siquiera las ciencias modernas han logrado comprender del todo.

La impenetrable Esfinge

«Un hombre sabio me preguntó qué cosa, de entre todo lo visto en Egipto, había provocado más que ninguna otra mi admiración, a lo

La Esfinge y, al fondo, la pirámide de Kefrén

que respondí: "La belleza de las proporciones de la cabeza de la Esfinge". En efecto, entre las diferentes partes de esta cabeza, la nariz, los ojos y las orejas, por ejemplo, se aprecian las mismas medidas que se observan en las obras de la naturaleza [...]. El escultor ha sido capaz de conservar las proporciones exactas de cada parte, considerando que la naturaleza no le facilitó el modelo de ese coloso o de algo lejanamente similar».

Así lo escribía en el siglo XII el viajero iraquí Abdul Latif, quien, obviamente, no conocía todavía las tesis de los modernos arqueólogos que ven en ese rostro el retrato de Kefrén.

En torno al simbolismo de la Esfinge, como se sabe, siguen debatiendo los estudiosos, aunque el cuerpo de felino y la cara de faraón de esta extraña figura les hacen decantarse por considerarla un símbolo solar.

La inmensa escultura, realizada a partir de un único espolón rocoso de 20 metros de alto y más de 70 de largo, ha resistido los ataques del tiempo y los hombres, pero con alguna herida. Los daños en el rostro se deben a los cañonazos de la artillería mameluca que, en el siglo XVIII, la usaba como diana.

Herodoto, que describió detalladamente las pirámides, no dedicó ni siquiera una frase a la Esfinge. La causa de este silencio se debe principalmente a que, cuando el historiador visitó el lugar, el enigmático monumento estaba completamente enterrado. Cada veinte años aproximadamente, la cavidad en la que se encuentra la Esfinge queda cubierta por la arena, que la esconde por completo a los ojos de los hombres. Una peculiaridad más que forma parte del misterio.

MADAGASCAR

Misteriosos habitantes

«¡Qué país tan admirable es Madagascar! Merecería no sólo un observador itinerante, sino academias enteras. Allí la naturaleza parece retirarse, como si de un santuario especial se tratara, para trabajar en modelos diferentes de los que se sirve en otros lugares; las formas más insólitas y maravillosas se encuentran a cada paso». Estas palabras de un viajero del siglo XVIII, Philibert Commerson, pueden considerarse una de las primeras «declaraciones de amor» a una tierra que ha fascinado a exploradores y científicos, comerciantes y misioneros. El primer misterio de esta gran isla, separada de África por el canal de Mozambique, tiene que ver con el origen de sus habitantes. Actualmente son dieciocho tribus, con lenguas y culturas comunes pero peculiaridades específicas, divididas a su vez, como los límites territoriales, por antiguas leyes que nos trasladan al llamado «tiempo de los orígenes».

Probablemente los primeros asentamientos humanos se formaron con grupos originarios de Indonesia, a los que se añadieron paulatinamente otros procedentes del África oriental. Desde el punto de vista antropológico, los malgaches no son, sin embargo, ni orientales ni africanos, sino más bien un tipo humano «mixto» que, como veremos, ha llevado a algunos ocultistas a considerarlos los últimos exponentes de una antigua raza afincada en Lemuria, el continente desaparecido.

La antigua y gran Lemuria

Según algunos estudiosos, Madagascar formaría parte de Lemuria, un gran continente desaparecido. Una tesis que tomó forma en el pasado —la teoría de la deriva de los continentes aún no se conocía—, cuando se trataba de explicar la presencia en la isla de los Lemúridos (una familia de primates, de la especie de los monos, con diversas características que reflejan variadas formas de evolución entre las que se incluye también la especie humana) y también la de animales y plantas fósiles del Pérmico con unos doscientos cincuenta millones de años de antigüedad.

Mientras los investigadores trataban de aportar alguna luz al origen del hombre y, sobre todo, a las preguntas relacionadas con su evolución, místicos, esotéricos y ocultistas buscaban en cambio respuestas para justificar la presencia de criaturas como el lémur de cola anillada, el miembro más conocido de los Lemúridos que ha establecido su lugar de residencia en Madagascar.

Las zonas desérticas de Madagascar han sido escenario de grandes hallazgos paleontológicos. (Fotografía de Carlo Ruo Redda)

⊗ EL CULTO DEL *RAZANA*

El encuentro de la cultura asiática con la africana es el origen de numerosas costumbres y prácticas rituales de Madagascar. Entre ellas el rito del razana, *una singular forma de culto a los muertos para los que se prepara una sepultura doble. Tras una primera fase de sepultura provisional, los huesos se separan de la carne, ya en avanzado estado de descomposición, y se entierran con gran esmero. Según los nativos, los huesos son la verdadera «casa de los muertos», así que es necesario tratarlos con mucho cuidado, puesto que seguirán siendo eternamente la señal intangible de su autoridad.*

Monumento funerario del culto del razana

Entre los muchos que buscaron respuestas paralelas a las de la ciencia para reconstruir el pasado de Lemuria, se hallaba la fundadora de la teosofía, Helena Petrovna Blavatsky (1831-1891) que sostenía que los lemurianos eran hombres de dimensiones notables, más parecidos a los monos que a los hombres, algunos con cuatro brazos y un tercer ojo en la parte posterior de la cabeza. Eran capaces de comunicarse telepáticamente y poseían poderes sobrenaturales como la psicoquinesia. En su *Historia de la Atlántida y del continente perdido de Lemuria*, ofrece una imagen de Madagascar que abre la puerta a un universo dominado por la fantasía y el mito. Sin embargo, sus teorías han encontrado amplio eco entre los esotéricos y los apasionados de la arqueología misteriosa.

Las tesis de Blavatsky fueron enseguida admitidas y ampliadas. De hecho, hubo quien afirmó que los lemurianos eran originariamente hermafroditas y ovíparos, y que con el tiempo se «transformaron» en mamíferos. Y hay también quien sostiene que sus antepasados más antiguos llegaron de Venus, de modo que el actual lémur de cola anillada sería en realidad el último eslabón evolutivo de los... ¡extraterrestres! Para algu-

nos, en cambio, los últimos lemurianos serían los aborígenes australianos y los habitantes de la Isla de Pascua.

En definitiva, el misterio continúa.

Animales únicos

Como decíamos, se relaciona con Lemuria al importante grupo de los Lemúridos. En el pasado existían lémures de gran tamaño y con una masa cerebral bastante desarrollada, lo que deja abierta la posibilidad de que los animales más antiguos compitieran por un elevado nivel de evolución, igual que el hombre. Hoy en día subsisten, sin embargo, ejempla-

res de dimensiones menores. Entre los principales destacamos los aye-aye, con cuerpo de más de un metro de largo y cola generalmente más larga, de color negro y ojos saltones.

Además de la presencia de los lémures, los hallazgos de importantes restos de dinosaurios y el descubrimiento del esqueleto de un saurópodo herbívoro relacionado con otros ejemplares de la India y América del Sur conectan a Madagascar con un pasado muy lejano. No sólo eso: en la isla hay también muchos fósiles de animales extinguidos que vivían en plena libertad cuando Madagascar formaba todavía un único subcontinente con el resto de los continentes, hace más de cincuenta millones de años. En concreto, los restos encontrados pertenecen a dinosaurios probablemente desaparecidos como resultado de una variación climática que, tras hundirse en la arena, se fosilizaron conservándose así hasta nuestros días.

La presencia de estos restos ha alimentado la fantasía de los nativos, pero sobre todo ha brindado enormes posibilidades a los occidentales de construir auténticas leyendas. En cualquier caso, al margen de cuáles son las «fuentes», de vez en cuando se oye hablar de misteriosas criaturas, similares a los grandes saurios, vistas por algunos testigos. Tal vez se trate simplemente de la influencia en el imaginario de los grandes descubrimientos paleontológicos que forman el patrimonio de Madagascar.

⊗ EL TEMIDO MOKELE-MBEMBE

Si en Madagascar son pocos los que hablan de animales de carne y hueso surgidos de la prehistoria, no se puede decir lo mismo de la zona pantanosa del Congo, entre los ríos Ubangui y Sangha, donde se ocultaría un dinosaurio saurópodo llamado Mokele-Mbembe. Según los testimonios, que no son pocos, esta criatura mediría entre 5 y 10 metros y tendría un cuerpo macizo y poderoso, al igual que las patas, de color entre gris y marrón rojizo. La cabeza sería parecida a la de una serpiente, y el cuerpo recordaría al de un paquidermo (de hecho, se han encontrado huellas atribuidas al Mokele-Mbembe de tamaño similar a las de un elefante).

Esta extraña criatura salida de la prehistoria sería vegetariana y no representaría un peligro directo para el hombre, aunque entre los testigos hay nativos cuya barca habría sido golpeada y levantada por el misterioso monstruo de los pantanos congoleños.

SAHARA

Un mágico mundo de divinidades y antepasados

El mundo simbólico africano, que encuentra su universo más fértil en el complejo macrocosmos de la religión y los ritos, resulta tan variado y estructurado que hace inútil cualquier intento de generalización, puesto que dentro de cada etnia y tribu funcionan prácticas y creencias que pueden comprenderse sólo si se estudian por separado.

Según los datos más recientes, el número de seguidores de religiones autóctonas en África debe de girar en torno a los sesenta millones, distribuidos en más de cuarenta países. No obstante, se trata de un porcentaje bajo —cerca del 12 %—, pues el resto se reparte entre el cristianismo y el islam. La religión de Mahoma ha influido profundamente en el país a partir de los siglos VII y VIII con la conquista del norte y el este de África por los árabes musulmanes. La colonización europea, desde el punto de vista de las tradiciones rituales, ha sido condicionante, aunque resultó sólo realmente efectiva desde el siglo XIX, cuando el cristianismo implantado en África por las potencias del Viejo Continente se dejó sentir con mayor fuerza. Sin embargo, todavía quedan ciertas reminiscencias del universo religioso africano (el vudú, por ejemplo) en algunos países de América del Sur, adonde los esclavos negros llevaron sus tradiciones, las cuales, al entrar en contacto con el panteón pagano local y el cristiano, dieron forma a un estructurado sincretismo.

Sin duda, el aspecto que aúna a estas gentes es la relación con la divinidad, figura situada en el centro del universo y de la que depende la suerte de los hombres; el mundo de los espíritus y la naturaleza se relaciona con los hombres por medio de los antepasados, que pueden ser auténticas figuras clave del universo mítico-religioso africano.

Además, muchas etnias se consideran el arquetipo del hombre. Prueba de ello es que los bosquimanos (cuyo nombre, dado por los

El desierto del Sahara

portugueses, significa «habitantes de la sabana») se denominan a sí mismos *san*, es decir, «hombres verdaderos». En el origen de todo colocan a un ser supremo llamado Kaggen, «padre», al que se opone Guab, que, por el contrario, dirige las fuerzas del mal y es muy temido.

También los bantúes poseen un elevado concepto de su grupo. *Bantu* es el plural de *ntu*, que significa «ser humano». Entre las peculiaridades de los bantúes se encuentra su organización social, caracterizada por una estructura matriarcal, en clara contraposición con la patriarcal predominante en la mayoría de los grupos africanos. Un aspecto interesante, que puede servir para poner de manifiesto la actitud de los pobladores de África en sus relaciones con la divinidad, es la forma de llamar al ser supremo. Para los bantúes del Congo es Nzambi («difusor de luz»), para los de la zona oriental es Mulunga («el que está en el cielo»), para los ashanti es Nyame («el resplandeciente»), mientras que para los ewé es Mawu («el que se encuentra por encima de todo»). Y hay más ejemplos, ya que prácticamente cada grupo tiene un modo propio de relacionar la divinidad, en el plano lingüístico, con una cosmogonía dominada por la luz y en la cual la omnipotencia de Dios se expresa simple y llanamente.

Entre las figuras clave de este extraordinario mundo mágico sobresale, como decíamos, el antepasado, primera referencia dentro de la organizada pero sencilla red que relaciona al hombre con el universo sobrenatural. A él están dedicadas muchas obras del arte africano, que pasan así a ser una especie de memoria visual con objeto de crear una activa tensión entre el mundo de los vivos y el de los espíritus.

Un lugar sagrado

Gran parte de los conocimientos que hoy poseemos sobre el mundo mágico-religioso africano procede de los estudios de los antropólogos,

La cadena del Atlas

fruto de investigaciones sobre el terreno de la mezcla de etnias que caracteriza al continente africano.

En realidad, hay otras fuentes para hacerse una idea sobre lo grande que fue la cultura africana en un pasado remoto: las pinturas rupestres del Sahara, obras de gran interés científico, cargadas de misterio, que ilustran la cultura y las tradiciones de un tiempo

✶ TRAS LA MÁSCARA

El arte de la máscara está muy desarrollado entre los africanos sedentarios de la selva y la sabana. Es, sin duda, una de las artes plásticas más evolucionadas, donde la fantasía alcanza en ocasiones niveles sorprendentes. La realización de máscaras constituye, de hecho, una de las actividades principales entre los grupos sedentarios, puesto que está ligada a instituciones fundamentales para la comunidad (sectas, categorías y castas sobre las que se regula la vida social). El uso de la máscara constituye una parte integrante de la cultura africana y tiene en esta tierra un origen muy antiguo, confirmado por las pinturas rupestres de los bosquimanos y los pueblos asentados en Tessalit y Ennedi antes de la desertificación del Sahara.

Desde la óptica occidental, las máscaras africanas parecen objetos destinados principalmente a suscitar una profunda sensación de desasosiego, evocando imágenes y figuras que a menudo provienen del inconsciente. Dependiendo de los diversos grupos étnicos, pueden ser obra de artesanos especializados o de miembros de sectas que las utilizan en numerosas ceremonias.

Su realización requiere importantes rituales (sacrificios, castidad, prácticas religiosas, etc.), porque no se considera una actividad como otra cualquiera, sino una operación directamente relacionada con el mundo de los espíritus de los antepasados. Una vez terminada, la máscara debe sacralizarse mediante determinadas prácticas que la prepararán para la función ritual que va a desarrollar. Como se desgastan más que otros objetos, es necesario reconstruirlas. Tal vez por eso la máscara parece ser el objeto con el muestrario más amplio y estructurado de soluciones formales, prueba de la gran fantasía de las gentes africanas cuando se concreta en obras destinadas al rito y la práctica mágico-religiosa. Por esta razón las máscaras africanas son muy codiciadas por los occidentales.

19

lejano, cuando las arenas todavía no habían transformado en un lugar árido este territorio de abundante agua y vegetación. En la actualidad, el Sahara es el desierto más grande del mundo, con una superficie de cerca de nueve millones de kilómetros cuadrados, algo menor que Canadá o Europa; se extiende desde el océano Atlántico al mar Rojo y sólo lo separa del mar Mediterráneo una estrecha franja de vegetación.

Este inmenso espacio, en apariencia dominado por la desolación, no ha tenido siempre el aspecto que hoy conocemos. A comienzos del Mesozoico, unos doscientos millones de años atrás, estaba dominado por una densa vegetación tropical donde vivieron y murieron los dinosaurios. El lento e inexorable proceso de desertización comenzó hace algunos millones de años, en el Plioceno, pero las actuales condiciones son, en el fondo, bastante recientes y se remontan a un periodo comprendido entre tres y dos mil años antes.

Hace un millón de años que el hombre vive en el Sahara y ha dejado pruebas fundamentales para la paleontología, que ha situado en África el origen del primer homínido. Desde hace unos doce mil años hasta el 4000 a. de C., el hombre encontró aquí un entorno favorable: inmensas sabanas, corrientes de agua, árboles y lagos.

Pero los hombres no conocieron la escritura hasta el final de su asentamiento, así que cuanto sabemos de ellos es gracias a la gran cantidad de dibujos y pinturas rupestres presentes en una amplia área desértica y en la cadena del Atlas. La mayor concentración de estas obras se encuentra en Ahaggar, Air, Tessalit, Tibesti y Ennedi. El área de Argelia cuenta con mayor presencia de pinturas rupestres; en menor medida se localizan en Malí, Nigeria y Chad.

Las pinturas rupestres

El arte rupestre del Sahara nos proporciona importantes datos sobre la caza practicada en el pasado en África. Entre las representaciones más interesantes encontramos la caza del rinoceronte, animal muy codiciado por su carne y, al mismo tiempo, temido por ser especialmente peligroso. Su captura tenía algo de sagrado, de iniciático. Contribuía a relacionar a este animal con el universo del mito el valor que se concedía a su cuerno, muy utilizado en las prácticas mágicas y, en ciertos grupos, para desvirgar a las jóvenes en complejos ritos relacionados con la pubertad.

La caza del rinoceronte se hacía siempre en grupo, con arco y flechas, y exigía grandes habilidades a los cazadores, que debían saber golpear en los pocos puntos vitales del animal antes de ser embestidos por su poderosa mole.

Con todos los animales muy veloces, de gran tamaño o peligrosos se utilizaban flechas con la punta abierta, mortales cuando penetraban en el cuerpo, ya que no se soltaban cuando la víctima huía, y además su forma facilitaba que se desangrara. Algunas representaciones parecen evidenciar que se utilizaban perros para ayudar al hombre.

También estaba muy difundida la caza de la jirafa, que fue considerada por los occidentales un animal mítico cuando la vieron por primera vez. Algunas jirafas se capturaban con trampas, pero la mayoría de las veces se las perseguía y acorralaba, o se las obligaba a dirigirse al lugar donde estaban apostados los cazadores que las esperaban para dispararles flechas. Esta técnica de caza puede apreciarse en las pinturas rupestres de Tessalit.

La jirafa, que de adulta puede superar los 10 quintales de peso, era considerada una presa muy codiciada gracias a la gran cantidad de carne que puede suministrar; la piel del animal se utilizaba para construir recipientes, bolsas, cantimploras o calzado muy resistente. En siglos anteriores se mató a muchas jirafas exclusivamente por los pelos de la cola, utilizados para realizar brazaletes, pues la cola de este animal es una señal de distinción para los señores del sur de África. De hecho, en la tradición mítica occidental aparece a menudo la imagen del jefe de la tribu que sujeta, cual cetro valiosísimo, un objeto que termina en largos pelos de oscuro significado para el observador ignorante.

Escenas de caza, Tessalit. (Dibujo de A. Priuli)

Pero en el panorama pictórico sahariano hay también otras obras que gracias a las interpretaciones fantasiosas de los occidentales parecen misteriosas. Es el caso de los llamados *astronautas*, aunque en realidad se trata de figuras míticas caracterizadas por una cabeza redonda sin rostro, como las de Tessalit, consideradas extraterrestres por muchos ufólogos, ya que esas cabezas tan redondas podrían identificarse con cascos de astronautas...

En definitiva, el misterio permanece entre estas rocas, lugares en los que desde siempre la historia se une a la leyenda. Desde que el Sahara era un inmenso jardín lleno de vida.

Malí, encrucijada de culturas

Malí ocupa un área que limita con Argelia, Níger, Burkina Faso, Costa de Marfil, Senegal y Mauritania. Es, por consiguiente, un país importante, que ha sido testigo activo del pasado de muchas y variadas culturas y que ha desempeñado un papel fundamental dentro del estructurado universo del África negra. No nos cabe duda al observar las obras realizadas por los artistas africanos que encuentran su máxima expresión en la cultura de los dogon.

Poco conocida por el gran público pero importantísima para demostrar la posición fundamental de Malí como encrucijada de culturas, es la gran colección de collares realizados con materiales de diverso tipo que van de los «arqueológicos» (fenicios

Escena de caza del león, Tessalit. (Dibujo de A. Priuli)

y romanos) a los llegados a través de los colonialistas europeos. Una prueba importante que pone de manifiesto dos aspectos fundamentales: el extraordinario nivel alcanzado por la cultura artesanal de Malí y el importante sentido estético de pueblos que, a menudo, han sido capaces de realizar pequeñas obras maestras con pocos elementos.

Los artistas de Malí se refieren en la mayoría de los casos a temas tradicionales para responder así a cuestiones culturales genéricas y expresar valores compartidos por la comunidad.

⊠ EL MISTERIOSO SECRETO DE LA DANZA

Entre las muchas pinturas de las rocas del Sahara hay también numerosas imágenes de danza: una práctica con muchos aspectos y una interminable serie de conexiones con el mundo del rito. La relación entre danza y rito tiene además raíces muy lejanas, ya que las referencias más antiguas provienen de la prehistoria.

Las danzas africanas son siempre parte integrante de una acción que tiene que ver con situaciones y contextos donde la magia y el mito se funden estrechamente. Principalmente se trata de un instrumento que evoca, atrae y favorece un acontecimiento, que simula un hecho y pide su repetición.

Escena de caza del león, Ehed (Tadrar). (Dibujo de A. Priuli)

21

SAQQARA

La pirámide escalonada

La primera pirámide que apareció en Egipto fue la de Saqqara, en Menfis, realizada para el faraón Zoser por el arquitecto Imhotep, convertido en dios posteriormente. En un principio, el faraón mandó construir una tumba en mastaba, según un modelo más compacto que recuerda a una pirámide baja recortada, pero después decidió aumentarla y ordenó colocar encima otra mastaba más pequeña, hasta que la estructura se transformó en el actual edificio formado por seis gradas y una altura de unos 60 metros.

Y hablando de *mastaba* (palabra árabe que indica un asiento paralelepípedo en la pared), veamos de qué se trata. Simplemente es el modelo primitivo de tumba típico de esta zona de Egipto que, debido a la creencia de la supervivencia del alma, tenía la misma estructura que la casa para crear un *continuum* simbólico entre la vida y la muerte. Por fuera está formada por una especie de acumulación maciza de piedras en forma de pirámide baja recortada, mientras que dentro se oculta un pozo que contiene el sarcófago con las decoraciones funerarias. En el lado orientado al Este se abre la capilla donde se encuentra el altar de ofrendas; una losa al fondo, llamada *puerta falsa*, impide acceder al pozo que conduce a la auténtica tumba, cerrado con piedras y con un acceso situado en la parte superior.

La falta de documentos escritos hace difícil, en cualquier caso, un conocimiento preciso del emplazamiento de Saqqara, que constituye sin duda una de las pruebas más antiguas e imponentes de la cultura ar-

La pirámide de Zoser en Saqqara

EL CONJUNTO FUNERARIO DE ZOSER EN SAQQARA

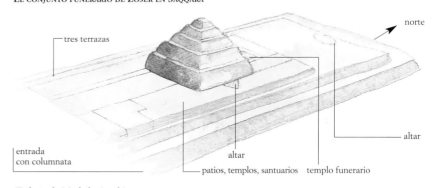

tres terrazas

norte

entrada
con columnata

altar

altar

patios, templos, santuarios   templo funerario

(Dibujo de Michela Ameli)

caica del pueblo del Nilo. Pero volvamos al complejo proyecto del divino Imhotep. Si se observa en su conjunto, la pirámide de Saqqara es la materialización del gran genio de Imhotep, un auténtico Leonardo de la Antigüedad, como sabemos gracias a la inscripción en la base de la estatua del faraón Zoser, donde se indican sus numerosos títulos: Administrador del Gran Palacio, Gran Sacerdote de Heliópolis, Constructor, Escultor y Creador de vasijas de piedra.

Y quizá esta última característica de Imhotep justifica que en la gran pirámide escalonada se hayan encontrado más de cuarenta mil vasijas y varios contenedores de piedra de muchas formas y tamaños. En esta singular tumba los arqueólogos han encontrado también la estatua del faraón e inscripciones y ofrendas en la cámara sepulcral.

Viaje al más allá

La pirámide de Saqqara está rodeada por los restos de un espléndido conjunto de edificaciones realizadas también por Imhotep. Un emplazamiento que durante gran parte de la historia egipcia se utilizó como lugar de sepultura. De ahí que sea una de las zonas más interesantes para conocer la génesis de las complejas prácticas funerarias en la fase más antigua de la historia del pueblo del Nilo.

En algunas de estas tumbas, pertenecientes al primer periodo dinástico, se han encontrado embarcaciones dentro de convenientes cuartos hechos de ladrillo, que tienen que ver con el concepto de «viaje al más allá» del que se tiene conocimiento y representaciones en los textos de las pirámides a partir de la V dinastía. En las cercanías de la pirámide de Keops se ha encontrado, sin embargo, una barca de más de 40 metros de largo, 5 de ancho y 9 de alto, convenientemente desmontada y situada en una zona en la que el faraón habría podido reconstruirla con ayuda de la magia y la colaboración de su ejército personal, integrado por centenares de *ushabti*.

La barca estaba guiada por el «hombre de la cara hacia atrás», una especie de Caronte que tenía la tarea de conducir al faraón en la ultratumba a través del llamado *pantano de cañas*, que separaba el mundo de los vivos del de los muertos.

En los textos de las pirámides suele aparecer también el símbolo de la escalera como medio para dirigirse al mundo de los muertos. Y así, en el *Libro de los muertos*, se exalta el símbolo de la escalera: «¡Te honro, oh Escalera, que sostiene la vasija de oro de los espíritus [...]. Alzo una escalera entre los dioses y yo soy un ser divino entre ellos [...]. Permane-

ce en pie, oh Escalera de Horus, por donde Osiris ha subido al cielo cuando ha usado su poder mágico sobre Ra».

El misterioso *Libro de los muertos*

Una fuente importante para conocer con nitidez la relación de los antiguos egipcios con la muerte y la complejidad religiosa que la rodeaba es el *Libro de los muertos*, formado por documentos transcritos en papiro y dejados en las tumbas.

Sin embargo, *Libro de los muertos* es una forma equivocada de denominar esta recopilación de textos funerarios (que tiene como punto de partida los *Textos de las pirámides*, los cuales, ampliados y modificados, fueron escritos en el Imperio Medio y colocados dentro de los sarcófagos). Su verdadero nombre es *Libro para salir a la luz del día*.

Por este libro sabemos que después de la muerte todos los hombres subían al cielo y se unían con el dios Sol. Los misterios de la muerte, sin embargo, se revelaban al hombre sólo después de someterse al «juicio de los muertos», que permitía valorar si durante la vida había respetado siempre las reglas universales establecidas por los seres humanos. En un principio el juez estaba identificado con el dios Sol, pero a partir de la XI dinastía ese papel importante fue asignado a Osiris. En el gran juicio, Osiris estaba acom-

pañado por 42 jueces que representaban simbólicamente a otras tantas provincias egipcias.

Según las indicaciones incluidas en el *Libro de los muertos*, quien se presentaba ante los dioses para ser juzgado debía declarar su inocencia y demostrar no haber cometido ninguno de los pecados enumerados en el libro. Un rito fundamental consistía en pesar el corazón y para eso se colocaba en un plato de la balanza el órgano y en el otro la divinidad Maat. El dios Thot anotaba el resultado de la operación y si el peso de los pecados superaba al de Maat, una trágica suerte esperaba al pecador: un terrible monstruo (en algunos casos identificado como Anubis, el dios chacal) lo devoraría. Si en cambio resultaba ser puro, accedería al reino de Osiris, un lugar de luz, una especie de continuación paradisiaca de la vida terrena.

Por lo general, el *Libro de los muertos* se dejaba dentro de un cofrecillo decorado con la estatua de Osiris o bien en el ataúd y entre las vendas de la momia. Se han encontrado muchos escritos en jeroglíficos demótico y hierático. Normalmente se trata de recopilaciones de encantamientos, completados con dibujos, cuya lectura tenía como fin facilitar el viaje hacia el más allá. El texto era leído por un sacerdote según un procedimiento ritual muy preciso, para garantizar al difunto la «libertad de movimiento» en el mundo de los muertos y ayudarle a conseguir «lo necesario» en su nueva casa eterna.

✤ UNA RELIGIÓN SIN UN LIBRO SAGRADO

A diferencia de lo que se suele creer, el Libro de los muertos *no era una especie de libro sagrado de los egipcios, como la Biblia, el Corán o los Vedas. El único punto en común lo constituye la afirmación de la inspiración divina de todos ellos. El Libro de los muertos, con un capítulo introductorio sobre las «Fórmulas que pronunciar el día del funeral, al llegar a la tumba y antes de partir», es realmente una larga recapitulación de prácticas e indicaciones que, en su conjunto, constituyen un importante testimonio para conocer el ilimitado universo mítico, más que religioso, de la cultura de los antiguos egipcios. Veamos algunos fragmentos: «Mi llegada entre aquellos que habitan el horizonte será saludada por un grito de júbilo y me prodigarán alabanzas los que habitan en la Duat con esta forma de momia [...]. Yo me alzo como dios venerable, Señor de la Gran Morada, a cuya vista los dioses se alegran [...]. ¡Oh, padre mío! ¡Mi hermano! ¡Isis, madre mía! He sido envuelto en vendas y veo. Soy uno de aquellos que se han liberado de las vendas y ven a Osiris».*

23

TELL EL-AMARNA – VALLE DE LOS REYES

La revolución de Akenatón

La ciudad sagrada de Tell el-Amarna, en Egipto, fue testigo de la que hoy se considera como la primera revolución religiosa de la historia. De hecho, esta localidad tiene que ver con la figura del faraón Akenatón (Amenofis IV), el primer y único soberano egipcio que se empeñó a fondo en sustituir el culto politeísta por el monoteísta. Tachado de herético por los sacerdotes, Amenofis IV reinó durante un tiempo con su padre, para después seguir solo desde el año 1350 al 1335 a. de C. Pacifista convencido, el faraón cambió su nombre Imen-hotep (que significa «Amón es gracioso») por Akenatón (*Ikn-en-Iten*, es decir, «el que es grato a Atón»).

Sin ninguna fase intermedia, impuso el paso del politeísmo al monoteísmo y se desembarazó de los dioses tradicionales colocando un único dios en el vértice del universo espiritual egipcio: Atón, que significa «disco solar».

El gran sacerdote de Amón, dios nacional, fue privado de este modo de sus prerrogativas y sus poderes, lo que creó un enorme malestar en las altas esferas religiosas.

Según una trayectoria teológica inspirada directamente por el dios (Amenofis IV se proclamaba profeta de Atón), la nueva religión exaltaba la armonía universal, la belleza de las cosas naturales y el amor entre los hombres. Una propuesta comprensible sólo por algunos adeptos dispuestos a liberarse de los placeres

El Valle de los Reyes. (Fotografía de Carlo Ruo Redda)

MILLER
OUTDOOR THEATRE
IN HERMANN PARK

CALENDAR OF EVENTS
AUGUST – NOVEMBER 2019

MILLER
OUTDOOR
THEATRE

IN HERMANN PARK

281-FREE FUN (281-373-3386)
milleroutdoortheatre.com

august

s	m	t	w	t	f	s
				1	**2**	**3**
4	**5**	**6**	**7**	**8**	**9**	**10**
11	12	13	**14**	**15**	**16**	**17**
18	19	**20**	**21**	22	**23**	**24**
25	26	27	28	29	**30**	**31**

september

s	m	t	w	t	f	s
1	2	3	4	5	**6**	**7**
8	9	10	11	12	**13**	**14**
15	16	**17**	18	**19**	**20**	**21**
22	23	24	25	**26**	**27**	**28**
29	**30**					

october

s	m	t	w	t	f	s
		1	2	3	**4**	**5**
6	7	8	9	10	**11**	**12**
13	14	15	**16**	**17**	**18**	**19**
20	**21**	**22**	23	**24**	**25**	**26**
27	28	29	30	**31**		

november

s	m	t	w	t	f	s
					1	**2**
3	4	5	6	7	**8**	**9**
10	11	12	13	14	**15**	**16**
17	18	19	20	21	**22**	**23**
24	25	26	27	28	29	30

Performance dates in bold

2019 season – part 2

august

Houston Shakespeare Festival 2019

Produced by University of Houston
Kathrine G. McGovern College of the Arts

HOUSTON SHAKESPEARE FESTIVAL

BACH & PIAZZOLLA
August 31, 8:00 PM

Mercury restages its popular multi-media orchestral experience, combining seductive tango with

NO BULLY HERE
CELEBRATION CONCERT
September 26, 11:00 AM

An informative and inspirational concert of music, dance, and celebrity appearances for students and schools committed to non-violence.
Produced by Foundation for Modern Music

IN CONCERT: TIME FOR HOPE

LUNADA
October 19, 7:30 PM

Celebrate the Night of the Full Moon and the traditions of Latin America in this concert

november

CONCERT BAND & SOLDIER'S CHORUS OF THE U.S. ARMY FIELD BAND
November 3, 6:00 PM

Enjoy the Musical Ambassadors of the Army as they perform to serve

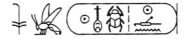 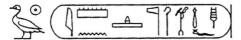 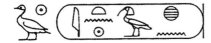

Inscripción decorativa de Amenofis IV, el faraón Akenatón

de una fuerza y un materialismo que, en ese periodo, dominaban la cultura egipcia.

Cuando Amenofis IV se convirtió en faraón, el país estaba en pleno apogeo de su potencia. Los hijos del Nilo, bajo la dirección de algunos soberanos de gran prestigio (la dinastía de los Tutmosis), habían extendido su poder a Oriente sometiendo a Palestina y Siria hasta llegar al Éufrates. El arquetipo del «país de los faraones» que había construido su poder en torno al emblema de las pirámides era cosa ya de la prehistoria. En el Imperio Nuevo (1580-1090) Egipto era una tierra que se había consolidado internacionalmente, con un ejército de los más organizados y motivados y un sistema comercial estructurado de forma que llegara también a los países más alejados para mantener intercambios favorables.

El poder contaba con riquezas ilimitadas que le permitían mantener una vida de ostentación, como lo confirma claramente el arte del periodo. El centro del poder religioso estaba en Tebas (en el conocidísimo Valle de los Reyes), ciudad consagrada a Amón, rey de los dioses (*Amon-Ra*) y dueño absoluto del Alto y Bajo Egipto, que encontró su lugar de celebración en el gran templo de Karnak. El clero que difundía su credo y dirigía los rituales gozaba de privilegios extraordinarios, hasta el punto de convertirse en una especie de pequeño Estado autónomo.

Retrato de Amenofis IV. (Dibujo de Michela Ameli)

El atávico contraste entre poder espiritual y poder temporal tiene, en el caso que nos ocupa, uno de sus prototipos más emblemáticos.

Ya durante el reinado de Amenofis III, padre de Akenatón, se advertía una cierta inquietud por el «fin de siglo». La grandeza y el esplendor parecían afectados por la falta de espiritualidad, la ausencia de necesidades interiores que proporcionaran al hombre los imprescindibles puntos de referencia. Y esto fue, en definitiva, lo que Amenofis IV trató de hacer al dar inicio a la que, como ya decíamos, puede definirse

como la primera herejía de la historia de las religiones.

El nombre de Amón fue esculpido en la puerta del templo, se abandonó Tebas y una nueva capital situada más al norte (una de las obras maestras de la ingeniería egipcia, con amplias calles, barrios residenciales, templos y una estructura urbanística innovadora por muchos motivos) tomó rápidamente forma en las cercanías de la actual Tell el-Amarna. Mientras tanto, el faraón, apoyado por su mujer Nefertiti, siguió con su política de eliminación del politeísmo en favor del monoteísmo dominado por Atón.

Tell el-Amarna: la ciudad del dios Sol

Los restos de Tell el-Amarna se encuentran a unos 40 km de Beni Asan. Quien espere encontrar grandes palacios y templos no podrá por menos que quedar decepcionado, puesto que la obra del faraón herético fue borrada por los hombres y la arena. A pesar de ello, la antigua ciudad ha sido reconstruida en papel por los estudiosos gracias a las valoraciones de los restos de esta porción de desierto que fue el centro vital de la innovadora religión monoteísta.

Junto al Nilo se construyeron el palacio del faraón, el gran templo, el palacio de Atón y la auténtica ciudad. Más al sur surgía el templo en

---

⊕ RASGOS FEMENINOS EN UN GRAN INNOVADOR RELIGIOSO

En el arte egipcio se suele representar la figura del faraón Akenatón con un estereotipo que tiende a destacar ciertos rasgos femeninos en su rostro. Es muy gráfica la colosal estatua de Karnak, pero lo es más el bajorrelieve en el que el «faraón herético» está representado en el acto de adorar al círculo del dios sol Atón. Sin embargo, no conocer su tumba y no contar con su momia ha impedido realizar comparaciones que permitan una definición precisa de su anatomía.

En el arte de su tiempo, Akenatón aparece representado con características que tienden a destacar una especie de androginia, una extraña e inquietante morfología que nunca suprimirá el impacto de este gran faraón, considerado por muchos un iniciado.

el río, y las tumbas estaban distribuidas al norte y sur de todo el complejo, orientadas hacia el Este. Sin embargo, ninguna de estas tumbas se terminó, así que se considera que nunca fueron utilizadas.

El gran templo se levantaba al norte del palacio central de Tell el-Amarna, en medio de un recinto amurallado de 800 × 300 metros, y su interior estaba dividido por una serie de patios contiguos. El santuario era, en cambio, muy diferente del habitual en la arquitectura clásica egipcia. A diferencia de lugares como Luxor o Karnak, donde el santuario era una estancia secreta en cuyo interior se desarrollaban los ritos y con acceso restringido al faraón y los sacerdotes, el de Atón estaba abierto a la luz, libre de cualquier impedimento a la entrada del sol.

También llegó a la arquitectura la gran apertura monoteísta de Akenatón ya que trataba de liberarse, pero sobre todo de liberar a los hombres, de la carga de los propios límites terrenales y mostrar una vía para elevarse y escuchar la voz divina. Terminó por encontrarse solo, encerrado en su villa de Tell el-Amarna, con unos pocos fieles. Mientras tanto, el gran Egipto colonialista y beligerante, sin la protección del gran panteón politeísta y de una mano firme, perdía estrepitosamente su propio esplendor.

El gran sueño de Akenatón llegaba a su fin. La restauración se imponía y las razones de Estado superaron a las necesidades del espíritu. A Amenofis IV, que no tenía hijos varones, le sucedió su yerno Tutankatón, que persiguió la restauración hasta el extremo de cambiar su nombre por Tutankamón, señal evidente de una vuelta al pasado. Sin embargo, el suyo fue un reinado breve, y después del «rey niño» todos los faraones de la nueva dinastía fueron guerreros. Las tierras perdidas fueron reconquistadas, los vasallos recuperaron la confianza, Amón volvió a conseguir sus anteriores fastos, las numerosas divinidades locales recobraron a sus fieles y la casta sacerdotal fue investida nuevamente del poder perdido.

El faraón Horembeb, cuya personalidad fue tratada jocosamente por Mika Waltari en *Sinuhé el egipcio*, condenó la memoria de Amenofis IV y Tutankamón borrando sus nombres de todos los monumentos y estelas. Pero no logró borrar el recuerdo. Los pocos años del valeroso faraón no se perdieron del todo. Ni siquiera se extinguió el eco de una herejía que propuso al hombre una armonía que hoy, más de tres mil años después, no siempre llegamos a comprender, contentos como estamos habitualmente sólo con existir.

La tumba de Tutankamón: grandes tesoros y grandes leyendas

La literatura moderna ha convertido a Tutankamón en una figura envuelta de gran misterio, un personaje en

✷ EL HIMNO DE ATÓN

El himno de Atón, instrumento de adoración y, en ciertos aspectos, de catequesis, se atribuye tradicionalmente al propio Amenofis IV:
«Surges hermoso en el horizonte del cielo.
¡Oh Atón viviente, principio de vida!
Cuando te levantas por el extremo oriental del cielo
llenas toda la tierra con tu belleza…
Tus rayos abarcan todo lo que has creado.
¡Has unido a ti el mundo para tu hijo predilecto!
Incluso cuando estás lejos, tus rayos no abandonan la tierra.
Incluso cuando estás en lo alto, nadie conoce tus caminos…
Estás en mi corazón
y nadie te conoce
salvo tu hijo Akenatón.
Tú le has revelado tus planes y tu poder».

✷ ¿UN FARAÓN JUDÍO?

El Himno al Sol de Akenatón presenta similitudes curiosas con el Salmo 104 del Antiguo Testamento, una característica que hizo creer en un principio que Amenofis IV era de origen judío. Lo más probable es que el autor del Salmo 104 conociese el Himno al Sol.

Himno al Sol
«El ganado está satisfecho en sus pastos, los árboles y las plantas reverdecen, los pájaros salen de sus nidos. Sus alas se levantan para alabar tu alma. Las cabras saltan. Todas las cosas que vuelan y florecen viven cuando tú brillas para ellas. Del mismo modo, las barcas navegan arriba y abajo por el río y todo camino está abierto, porque tú has aparecido. Los peces en el río saltan ante tu rostro».

Salmo 104
«Haces brotar hierba para el ganado, / y las plantas que el hombre cultiva / para que saque su alimento de la tierra; / el vino, que alegra el corazón del hombre, / el aceite, que hace brillar su rostro, / el pan, que mantiene su fuerza. / Las plantas del Señor se sacian, / los cedros del Líbano plantados por él. / Allí anidan los pájaros / y la cigüeña pone su casa en la copa. / Las altas montañas acogen a las cabras; / las rocas cobijan a los tejones».

torno al cual han crecido leyendas y mitos inspirados en el tema de la maldición de los faraones.

Si nos remitimos a la historia sabemos que Tutankamón (cuyo primer nombre fue Tutankatón, que significa «Atón es de vida graciosa») subió al trono muy joven para ocupar el lugar de Amenofis IV, sin hijos varones. Sin embargo, murió pocos años después y sus gestas políticas contribuyeron en la práctica a la restauración después de los «daños» provocados por el monoteísmo. Pero nada más, entre otras cosas porque no tuvo tiempo. En resumen, fue un herético por tradición familiar obligado a renegar de su origen por razones de Estado, pero eso no aporta, desde el punto de vista histórico, ningún elemento que pueda facilitar una pista sobre el origen de su mito.

En cambio, la arqueología sí que nos aporta un indicio importante. Cuando Howard Carter, arqueólogo, y lord Carnarvon, magnate inglés que financió la expedición, descubrieron su tumba en 1922 en el Valle de los Reyes, aparecieron en su interior grandes riquezas. Se había salvado de los saqueadores, quizá porque se trataba de una construcción muy modesta; en su interior se encontraron materiales valiosísimos que hoy constituyen uno de los patrimonios más importantes de la historia y la arqueología, sin duda el conjunto funerario más imponente de los encontrados, que está considerado, justamente, la perla de la arqueología egipcia moderna.

La conservación del gran conjunto funerario de Tutankamón fue posible, probablemente, porque a la muerte del faraón la tumba no estaba todavía acabada, así que se optó por usar un sepulcro más sencillo. Eso provocó su «salvación» y la protección casi total de los bienes que contiene. El hallazgo de la tumba intacta de Tutankamón constituye, por tanto, un caso casi único, sobre todo por la extraordinaria riqueza del conjunto funerario. La tumba en sí no posee, en cambio, un gran valor desde el punto de vista arquitectónico, salvo la pequeña cámara mortuoria decorada con pinturas, tampoco de gran valor, sacadas del llamado *Libro de los muertos*.

Todo el conjunto se trasladó al Museo de El Cairo. En la actualidad, en la tumba sólo queda el gran sarcófago bañado en oro que contiene la momia del faraón, bien conservada gracias a la gran cantidad de aceite y ungüentos con los que fue tratada.

La famosísima máscara de oro, que cubría el rostro y parte del tórax, se había unido materialmente al cuerpo y el cadáver estaba completamente cubierto con objetos de oro macizo.

La tumba de Tutankamón contenía también una serie de remos colocados sobre el suelo y once modelos de barcas de madera. El tema de la barca como medio de transporte hacia el más allá se consolidó además durante mucho tiempo en la cultura de la tierra del Nilo. Un ejemplo significativo procede del cementerio cristiano de Terenuthis, en el Egipto Medio (siglos IV-V), que

Trono ceremonial encontrado en la tumba de Tutankamón

Esenciero de alabastro procedente de la tumba de Tutankamón

27

✵ El hallazgo de la tumba

Así narró el arqueólogo Howard Carter el descubrimiento de la tumba de Tutankamón: «Practiqué un pequeño orificio en el ángulo superior izquierdo. La oscuridad y el vacío que encontró la barra de hierro que empujamos hasta donde fue posible nos revelaron que [...] había un espacio libre [...]. Comprobamos con una vela las posibles fugas de gas y, finalmente, ampliamos un poco el orificio, metí la vela y miré dentro [...]. En un principio no logré distinguir nada, porque desde la estancia venía una corriente de aire caliente que hacía temblar la vela; luego, a medida que mis ojos se acostumbraron a la oscuridad, surgieron de las tinieblas lentamente los detalles del local: animales de aspecto extraño, estatuas y oro, por todas partes el resplandor del oro. Por un instante, que debió parecer una eternidad a los que me rodeaban, enmudecí por el asombro, y cuando lord Carnarvon, incapaz de esperar, me preguntó nervioso qué veía, respondí: Veo algo maravilloso».

El sarcófago de oro de Tutankamón

contenía cuatro estelas funerarias que representaban al difunto en una barca en actitud orante.

La maldición de los faraones

La trágica muerte de algunos de los miembros de la expedición encargada de sacar a la luz la tumba de Tutankamón, entre ellos lord Carnarvon, alimentó el mito de la maldición de los faraones encontrando terreno abonado en el imaginario popular, hasta el punto de que aún hoy es un argumento muy extendido.

Carnarvon murió poco después del fantástico descubrimiento, el 6 de abril de 1923. Se dijo que en el momento de morir todas las luces de El Cairo se apagaron y algunos periodistas llegaron a inventar extrañas frases de amenaza afirmando que estaban escritas en las paredes de la tumba. En realidad, sólo acentuaban las advertencias habituales contra los profanadores que están casi siempre presentes en el arte funerario. Algunos dijeron incluso que Carnarvon se habría pinchado, dentro de la tumba, con una flecha con la punta impregnada de un veneno tan potente que todavía seguía activo más de tres mil años después.

También otras personas implicadas en cierto modo con el hallazgo de la tumba y el estudio del conjunto perecieron extrañamente. Esto al menos sostenían y sostienen los que están convencidos de la historicidad de la maldición: una nutrida manipulación que aporta ejemplos lentamente, sugiere conexiones y pone en guardia a los incrédulos.

En el lado opuesto, los científicos defienden que se trata de leyendas y supersticiones. De hecho, muchos de los miembros de la expedición han superado los ochenta años, e incluso Howard Carter, probablemente el principal «culpable» de la profanación, desapareció de muerte natural a los 67 años, 17 años después de descubrir la tumba de Tutankamón.

El único hecho por explicar sigue siendo la extraña muerte del perro de lord Carnarvon, el cual, en el momento en que su amo expiró en El Cairo, se encontraba en Inglaterra. Cuando Carnarvon murió comenzó a aullar desesperadamente y luego se desplomó sin vida.

Ladrones de almas

La tumba en la cultura egipcia constituía un lugar fundamental para impedir que el alma se perdiera en el abismo de la oscuridad eterna. Dejando de lado la original forma de la pirámide, que tuvo su punto álgido en un periodo limitado de la historia egipcia, sabemos que las tumbas del pueblo del Nilo estaban estructuradas de forma bastante estereotipada. El cuerpo, edificado o natural, estaba formado por una pendiente rocosa, y la cripta, que contenía el cadáver inhumado, adornos y diversos materiales rituales necesarios en la otra vida del muerto, estaba excavada en la zona superior. Además había un lugar de culto, esencialmente un espacio aislado del resto, donde se dejaban las ofrendas. Integraban la tumba una serie de estatuas que representaban al difunto. Rara vez se trataba de tumbas familiares, en general eran individuales y utilizadas por una sola persona. A menudo se colocaban fuera del centro habitado, y en el Alto Egipto, en los límites del desierto, para no ocupar tierras cultivables.

El fabuloso conjunto funerario de Tutankamón ha llegado a nosotros en su práctica totalidad, porque la tumba del joven faraón no fue visitada por los profanadores. Efectivamente, los ladrones constituyen una gran amenaza para el patrimonio arqueológico (naturalmente no sólo egipcio), y en todas las épocas han expoliado miles de objetos de mayor valor histórico y cultural que material. Pero el principal daño es la destrucción de muchos objetos y edificios, que ha comprometido, casi siempre de forma irremediable, la posibilidad de conocer con mayor precisión las características del lugar expoliado. En Egipto, los profanadores de tumbas se pusieron manos a la obra incluso al día siguiente en algunas sepulturas, de modo que son raros los casos en que los hábiles saqueadores no encontraron la forma de entrar en una tumba y saquearla. Sabemos que prácticamente todas las tumbas padecieron el ataque de los ladrones, especialmente preparados y organizados en el Imperio Nuevo, cuando, sobre todo durante la XVIII dinastía, la acumulación de grandes botines propició que los faraones fueran enterrados junto a fabulosos tesoros. Además, casi nunca se ignoraba la localización de estos sitios, sino que se transmitía de generación en generación, por lo que los sepulcros fueron visitados y profanados en diferentes momentos. Los ladrones, sin embargo, tenían la suerte echada: su crimen, no tan grave como tal, era

considerado, sin embargo, una acción tremendamente infame que perturbaba el sueño del difunto y alteraba su vida en el más allá.

El «misterio» de las momias

«Vivirás siempre y serás joven por toda la eternidad». Estas palabras proceden de una de las muchas fórmulas que los sacerdotes recitaban para conceder una nueva vida al difunto después de la momificación, un procedimiento principalmente técnico para conservar el cuerpo; al finalizar el tratamiento se colocaba en un ambiente seco donde bacterias e insectos no podían encontrar fácilmente humus para proliferar. En Egipto, la humedad es muy baja y, por tanto, la momificación (el cuerpo vaciado se rellenaba con paja, esencias y sales) permite óptimos resultados.

Junto a las momias del Egipto antiguo —algunas de personajes insignes y famosos (de Amenofis II a Tutankamón), otras sólo conocidas por los especialistas—, hay otras, sin embargo, que proceden de países muy alejados de las tierras del Nilo. Por ejemplo, la de un pastor alpino de 5.330 años hallada en el glaciar

del Similaun, la de un hombre ahorcado encontrada en la turbera de Tollund, en Dinamarca, y la del inca originario de los Andes. ¿Y cómo no hablar de los grandes personajes de la historia, desde Guillermo el Conquistador a Lenin, hasta los cerca de ocho mil cuerpos momificados encontrados en las catacumbas del convento de los Capuchinos en Palermo, conservados gracias a un proceso natural de embalsamamiento?

Todo esto contribuye a aumentar el misterio, quizá paradójicamente, de la figura de la momia en nuestro imaginario. Porque, si se mira bien, ese es el «lugar» en el que ha encontrado la momia su inmortalidad, batiendo los obstáculos del tiempo y los férreos métodos de la historiografía.

También porque, y no debe olvidarse, la momificación permite, desde el plano psicológico, responder a un sueño milenario: conservar el propio cuerpo y combatir el aspecto más desagradable de la muerte. A partir de ahí se afirma el inicio del proceso que sustenta la formación del mito de la momia: el cuerpo vuelve a la vida, a menudo con deseos implacables de venganza contra los vivos.

EL EMBALSAMAMIENTO: UNA CONSERVACIÓN EXTRAORDINARIA

El clima seco de Egipto y la cuidadosa técnica de embalsamamiento que permitieron la conservación del cuerpo del joven faraón Tutankamón desempeñaron un papel determinante en el mantenimiento de muchos de los restos mortales de otros faraones egipcios. Además, el proceso de embalsamamiento de los cadáveres es seguramente uno de los aspectos más misteriosos del antiguo Egipto. En primer lugar es necesario recordar que en el pensamiento egipcio la muerte no suponía el final, sino un paso lleno de peligros, determinado sobre todo por la descomposición del cuerpo que llevaba a la consiguiente pérdida de elementos fundamentales para la vida, no sólo física, del ser humano. Para salvar al muerto era necesario, por tanto, preservar su cuerpo de la corrupción, precisamente con el embalsamamiento.

Herodoto ha dejado un testimonio muy claro de este complejo proceso físico, que en algunos aspectos cobra un cariz casi ritual: «Primero, con un pequeño gancho de hierro extraen el cerebro por las narices, pero sólo retiran una parte y eliminan el resto con drogas. Luego, mediante una piedra afilada de Etiopía, practican una incisión en el costado y vacían el cuerpo de todas las vísceras; en el interior, una vez limpio, meten vino de palma y pulverizan incienso; luego lo vuelven a coser». A continuación se colocaban los diferentes órganos en envases apropiados, las urnas canopes, colocadas después en la tumba; el cadáver se sumergía entonces en sosa para deshidratarlo. Esta operación duraba setenta días. Terminado este tiempo se pasaba a la compleja fase de envolverlo con vendas.

El respeto de los setenta días no se debía sólo a motivaciones de carácter práctico, sino que correspondía también a observaciones astronómicas precisas pertenecientes al ámbito de la dimensión simbólica. Exactamente setenta eran los días que Sirio (Sothis) desaparecía del cielo y se marchaba más allá del horizonte. Su ausencia se consideraba la «fase de la oscuridad» y su regreso, una alegoría de la resurrección. Este hecho natural era una referencia precisa que debía vincularse con la práctica del embalsamamiento que, en sus múltiples fases, estaba profundamente relacionado con signos y símbolos considerados señales divinas.

ZIMBABUE

La ciudad de piedra

Los yacimientos arqueológicos descubiertos hasta ahora entre los ríos Zambeze y Orange son unos ocho mil. Entre ellos el de Zimbabue, dentro de una gran mancha verde a unos 500 kilómetros del Zambeze, constituye sin duda el complejo más importante y admirable.

Los primeros en hablar del inmenso reino de Zimbabue, que contaba con unos quince mil habitantes, fueron los portugueses que desembarcaron en África en el siglo XVI. El origen de esta colosal ciudad, de la que sólo quedan algunos restos, está, sin embargo, envuelto en el misterio. Se han formulado muchas hipótesis, pero ninguna satisface por completo a los arqueólogos.

La ciudad, totalmente de piedra, fue realizada por los nativos antes de cualquier contacto con los europeos y los árabes. En todo el complejo domina una estructura gigantesca que parece una acrópolis, mientras debajo se halla la muralla, con una circunferencia superior a los 250 metros y una altura que en ciertos puntos alcanza los 10 metros.

La gran defensa lítica se realizó cortando piedras de granito y transformándolas en bloques (con un espesor nunca inferior al metro), completamente encajados entre sí sin ningún elemento de unión.

La torre cónica del interior del complejo está envuelta de fascinación y misterio. Una estructura sin ventanas ni puertas y desprovista de escaleras interiores, cuyo uso sigue siendo objeto de discusión.

Se ha aventurado que tuviera un papel simbólico o que fuera utilizada para prácticas rituales de las que no nos han llegado noticias, pero también se ha propuesto, más prosaicamente, que sirviera simplemente como almacén para los cereales, una especie de silo *ante litteram*. Todas ellas son hipótesis interesantes, pero que no desvelan el auténtico fin de la construcción.

¿La fortaleza del rey Salomón?

Durante mucho tiempo se ha considerado la hipótesis de que Zimbabue fuera el depósito de los grandes tesoros del rey Salomón, un lugar desconocido por todos y sobre el que sólo existían suposiciones y muchas leyendas.

Hacia mediados del siglo XVI, un historiador portugués, João de Barros, escribió que los indígenas llamaban al lugar de los depósitos de Salomón *symbaoe*. La correlación con Zimbabue fue inmediata. A pesar de las investigaciones y las expediciones que trataron de encontrar los tesoros perdidos, no se consiguió hallar nada de valor, salvo el histórico-arqueológico constituido por el conjunto urbano de esta antigua ciudad africana.

En concreto, hoy se cree que la fama de ciudad poseedora de inmensos tesoros se formó debido al papel de gran centro de intercambios comerciales desarrollado por Zimbabue. Por aquí pasaban las caravanas y siempre se vendían e intercambiaban muchas mercancías, desde oro a esclavos. Además, cerca de la ciudad había minas de las que se extraían minerales preciosos que, sin duda, sirvieron para aumentar la riqueza de los habitantes de este rincón de África.

El reino del Preste Juan

La dificultad para relacionar con precisión Zimbabue con personajes históricos ha animado a muchos investigadores a realizar la operación contraria: tratar de relacionar el lugar misterioso con personajes de los que no se tiene ninguna constancia. En la ciudad africana hay un nombre que se repite con cierta frecuencia, el del Preste Juan. Se trata de una figura con cierta fama en la Edad Media, señor de misteriosos reinos en los límites del mundo conocido, que encontró en la hagiografía popular una importante caja de resonancia.

Los datos históricos sobre este personaje son todavía escasos y han

---

El complejo urbanístico de Zimbabue presenta características constructivas y de plantas típicas de los poblados del África meridional, lo que apoya la tesis de que esta ciudad es un lugar típicamente africano, realizado sin ninguna intervención exterior.

Una curiosidad: las altas murallas forman un círculo de forma elíptica con las entradas estrictamente necesarias, como si fuera una estructura con función defensiva.

sufrido con los años tantas modificaciones que se han transformado radicalmente.

El nombre del Preste Juan circulaba ya por el mundo bizantino por ser exponente del movimiento iconoclasta y maestro del emperador Teófilo, y era también conocido como Juan el Gramático. Posteriormente, al final de la iconoclastia, se convirtió en una figura odiada, rodeada de un halo de magia y herejía. Se le consideraba un ser misterioso, con poderes sobrenaturales, que desapareció para luego reaparecer misteriosamente como soberano de esos mismos lugares.

La leyenda cuenta que ya los cruzados hablaban del Preste Juan. En torno a 1165 parece que Manuel Comneno, emperador de Bizancio, Federico Barbarroja y el papa Alejandro III recibieron una carta de un cierto Johannes Presbyter, *rex-sacerdos* de un reino muy rico y poderoso habitado por gentes de piel oscura. La carta desvelaba importantes indicios sobre el misterioso reino del Preste Juan. En aquellas tierras había criaturas de todo tipo —entre las cuales «hombres con cuernos, faunos, sátiros y mujeres de la misma especie, pigmeos, cinocéfalos, gigantes, tuertos, cíclopes y un pájaro llamado fénix»— y también hombres que se alimentaban con la carne de sus muertos. Los temas míticos y el énfasis en las descripciones con-

El Preste Juan en un grabado del siglo XVIII

vierten la carta cuando menos en sospechosa y, sin embargo, fue tomada muy en serio en la Edad Media. Así, en 1177, Alejandro III, de acuerdo con Barbarroja, envió una respuesta al Preste Juan, pero de la expedición encargada de la embajada no se supo más. Desapareció para siempre, quizás en el desierto de Iraq.

Faltan también datos acreditados en el testimonio de Juan de Carignano que, según el *Supplementum*

Chronicarum de Filippo Foresti di Bérgamo (1483), encontró en Génova en 1306 a varios embajadores del Preste Juan de paso por la ciudad liguria con motivo de una misión que se dirigía al territorio del rey de Aragón.

En el *Libro del conocimiento*, escrito hacia mediados del siglo XIV, se cita en cambio al rey africano Abdeselib, protector del Preste Juan.

Un importante elemento que debe tenerse en cuenta respecto a las motivaciones que llevaron al cambio de la sede del reino del Preste Juan se remonta al siglo XIV. En los comienzos del siglo los misioneros y viajeros traían frecuentemente noticias sobre un soberano africano con poderes y riquezas inconmensurables, y según muchos de ellos este hombre tan poderoso se llamaba Preste Juan. Así se abonaba el terreno para trasladar geográficamente un mito que finalmente encontró su localización.

Y el Preste Juan, del mismo modo misterioso que entró en la historia, desapareció, dejando sólo débiles huellas y una carta que muchos no descartan que fuera sólo fruto de una invención apócrifa.

En Zimbabue, hoy, pueden verse los restos de una gran y organizada ciudad que algunos creen que fue su reino. Un reino todavía sin nombre, construido con gran pericia y lleno de enigmas sin respuesta.

✷ EL PRESTE JUAN Y MARCO POLO

En Los viajes de Marco Polo *el autor cuenta que Gengis-Khan pidió al Preste Juan su hija en matrimonio, pero que se la negó y que fue precisamente esta negativa la chispa que desencadenó una guerra. Antes de encontrarse con el enemigo, Gengis-Khan reunió a «sus astrónomos cristianos y sarracenos y les ordenó que le dijeran quién vencería. Los cristianos mandaron traer una caña y la hendieron por la mitad, separando una parte de la otra; pusieron una del lado de Gengis Khan y otra del lado del Preste Juan. En la mitad de la caña que estaba en su lado escribieron el nombre del Preste Juan y el nombre de Gengis Khan en la otra y le dijeron: "Aquella caña que caiga sobre la otra será la vencedora". Gengis Khan dijo que quería verlo y que se lo mostraran con la mayor presteza. Los cristianos tomaron el Salterio [los Salmos, N. d. A.] y leyeron ciertos versos y salmos y sus hechicerías: entonces la caña en la que se hallaba el nombre de Gengis Khan se venció sobre la otra, y esto lo vieron todos los hombres que allí había. Cuando Gengis Khan vio esto sintió gran alegría, pues le pareció que los cristianos eran certeros. Los astrólogos sarracenos no supieron decirle nada». Los pronósticos en realidad se revelaron exactos y los dos se enfrentaron en una gran batalla: Marco Polo recuerda al respecto que «Gengis Khan venció la batalla y el Preste Juan murió y desde aquel día perdió todas sus tierras».*

AMÉRICA

ATLÁNTICO:
BERMUDAS Y LA ATLÁNTIDA

Bermudas: las misteriosas desapariciones en el triángulo maldito

Con toda seguridad puede considerarse uno de los lugares más misteriosos del mundo, una porción de mar que ha proporcionado numerosas ocasiones de discusión a los estudiosos y que ha alimentado la imaginación de muchos narradores fantasiosos. Nos referimos al Triángulo de las Bermudas, más conocido como el «triángulo de la muerte», una zona delimitada al oeste por la costa norteamericana desde Wilmington al extremo de la península de Florida, al norte por las islas Bermudas y al sur por las Bahamas, un archipiélago atravesado por el Trópico de Cáncer que se extiende un poco más al norte de Cuba y Haití.

El Triángulo de las Bermudas ha sido escenario desde mediados del siglo XIX de toda una serie de inquietantes fenómenos de los que, aún hoy, no se tiene una explicación satisfactoria. Según algunos, esa porción de aguas oceánicas albergaría algo terrible y desconocido, capaz de hacer desaparecer barcos y aviones en la nada y, con ellos, a centenares de personas.

El primer caso se remonta a 1840 (pero es posible que otros fenómenos hayan tenido lugar antes), cuando el barco francés *Rosalie*, con destino La Habana, se encontró en el Triángulo sin tripulación: el único ser vivo era un canario que piaba tranquilamente en su jaula.

En 1880 fue el turno del barco escuela *Atlanta*, que partió de las Bermudas con una tripulación de unos trescientos hombres y desapareció casi de inmediato sin dejar ninguna huella.

En 1902 le tocó a un buque de tres palos alemán, el *Freya*, que después de dejar Cuba en dirección a Chile, se encontró siete días más tarde con los mástiles destrozados. También en este caso faltaba toda la tripulación y el resto estaba intacto, incluida la valiosa carga.

En 1938 fue un barco con trescientas personas a bordo, y siete años después el carguero *Colopaxi* con rumbo a Norfolk. En ambos casos desaparecieron los barcos.

A partir de 1944 las desapariciones se hicieron más frecuentes, pero hay que aclarar que en aquellos tormentosos años la guerra marcaba profundamente la vida de muchos países. La desaparición de medios, en particular militares, se atribuía a la rutina bélica. En cualquier caso, en ese año desaparecieron a la vez cinco bombarderos norteamericanos que integraban una escuadrilla de siete aviones. Los miembros de la tripulación de dos de los aviones supervivientes dijeron que sus compañeros habían desaparecido misteriosamente después de que una fuerza desconocida les hubiera obligado a dar tumbos.

Desde entonces las desapariciones de aeroplanos se intensificaron. Se registraron numerosos casos, entre ellos el de una superfortaleza volante. Sin embargo, al finalizar la guerra las cosas no mejoraron, sino que con los aeroplanos comenzaron a desaparecer también los barcos. En una lista elaborada por investigadores figuran medios de todo tipo, incluido un gran petrolero, el *Marine Sulphur*, que zarpó de Norfolk en 1963 y del que no volvió a saberse nada.

Sin dejar huella

Como todo el mundo sabe, cuando se produce un naufragio en el mar quedan flotando restos. En algunos casos son pedazos del barco (por ejemplo, los flotadores con el nombre de la embarcación), pero generalmente suelen ser partes de la carga u otros objetos. En el caso del Triángulo de las Bermudas faltan por completo estos rastros. Otro misterio que hace todavía más enigmáticos los numerosos naufragios registrados.

El 5 de diciembre de 1945, a primera hora de la tarde, cuatro Avenger TBM despegaron de Fort Lauderdale, en Florida, para un vuelo de rutina. A las 15:45 la torre de control de la base de partida recibió un extraño mensaje del jefe de la escuadrilla: «Estamos fuera de ruta, no vemos tierra firme, los instrumentos se han vuelto locos». Desde Fort Lauderdale se les indicó que se dirigieran hacia el Este, pero de los cuatro aviones llegó un mensaje descorazona-

✠ EL MAR DEL DIABLO

Aunque su misterio es más reciente que el del Triángulo de las Bermudas, el Devil's Sea (Mar del Diablo), en la ruta entre Japón y Guam, al sur de Japón y al este de las islas Bonin e Iwo Jima, le va a la zaga en cuanto a desapariciones misteriosas.

Entre 1949 y 1954 desaparecieron en ese punto nueve barcos y, con ellos, más de doscientas personas. También en este caso se desconocen por completo las causas de los desastres y sobre el Devil's Sea ha caído un inquietante velo de misterio.

dor: «¡No sabemos dónde está el Este! Todo es muy raro, el mar no es el mismo de siempre. No sabemos dónde estamos. Nos parece que...». La comunicación se interrumpió bruscamente y desde entonces se perdió todo rastro de la escuadrilla. Tras días de búsqueda por la zona donde probablemente tuvo lugar la desaparición no se encontró nada y pasó a archivarse como otro fenómeno causado por los desconocidos efectos del «triángulo de la muerte».

Pero aún hay más. En cuanto a los barcos encontrados sin tripulación se refiere, el *Mary Celeste* ocupa un puesto fundamental. A partir de su historia han surgido muchas leyendas y creencias que se niegan a desaparecer. Se ha hablado de pulpos gigantes, de epidemias desconocidas, hasta del diablo.

El barco partió del puerto de Nueva York el 5 de noviembre de 1872 rumbo a Génova. Tenía la bodega llena de barriles de alcohol para uso comercial. El 5 de diciembre, entre las Azores y la costa de Portugal, fue avistada por el bergantín *Dei Gratia*. Toda la tripulación había desaparecido. En el diario de a bordo la última anotación era de quince días antes y no había nada que permitiera vislumbrar la existencia de problemas a bordo. Todo estaba en orden, pero no había rastros de vida.

A decir verdad se hallaron algunos signos inquietantes: los flancos de la nave habían sido golpeados varias veces con objetos afilados, la amurada de estribor presentaba un profundo corte y en algunas partes del barco se descubrieron manchas oscuras identificadas posteriormente como huellas de sangre. Pocos indicios que no han contribuido a desvelar el misterio del *Mary Celeste*, cuyo secreto está para siempre guardado en el fondo del mar.

Entra en escena la Atlántida

Según algunos estudiosos, la fenomenología que caracteriza al Triángulo de las Bermudas podría relacionarse con la presencia de singulares

❊ SEGÚN LOS RACIONALISTAS...

Los científicos que han estudiado las desapariciones de barcos y aviones en el Triángulo de las Bermudas han hecho hincapié en que en la mayoría de los casos los incidentes pueden explicarse racionalmente, que los casos no resueltos son aquellos en los que falta información, que no todas las desapariciones tuvieron lugar dentro del llamado Triángulo, que casi todos los sucesos se dieron en malas condiciones meteorológicas y que algunos de ellos son además el resultado de leyendas y fantasiosas reconstrucciones.

restos en el mar de Bimini, a menudo vinculados con la mítica Atlántida. Según los defensores de esta teoría, el «caso» debería valorarse, por tanto, teniendo en cuenta las estructuras megalíticas sumergidas —enormes bloques de piedra situados a unos 6 metros bajo la superficie del mar en un área de 600 metros— entre el archipiélago caribeño y las costas de Florida. Sin embargo, no todos están de acuerdo sobre su naturaleza. De hecho, si bien algunos de estos bloques presentan una forma tallada, hasta el punto de sugerir la intervención humana, los arqueólogos, más cautos, afirman que se trata de estructuras naturales producidas por fenómenos extraordinarios como terremotos o maremotos.

Atlántida, el continente perdido

Platón, principal fuente sobre la Atlántida gracias a sus obras *Timeo* y *Critias*, nos advierte de que este extraordinario país se encontraba «más allá» de las Columnas de Hércules, pero la lectura de sus textos no nos permite ir más lejos de las suposiciones y las teorías. Y precisamente sobre la base de estas suposiciones y teorías los científicos han sugerido que se busque la Atlántida en el archipiélago volcánico de Santorini, en el mar Egeo.

Por el análisis del *Critias* de Platón sabemos que la Tierra estaba compuesta por dos grandes continentes rodeados de un único océano y que la Atlántida se situaba frente al estrecho de Gibraltar. Se puede imaginar razonablemente que este

continente estuviera formado por un archipiélago. En una de las islas se encontraba la capital del imperio, una gran ciudad protegida por murallas y rodeada de canales. Cuando los dioses se repartieron el mundo, ese archipiélago le tocó a Poseidón, señor de los mares. En la isla principal vivía un hombre, Eveneor, con su mujer Leucipa y una hija, Cito, de la que Poseidón se enamoró perdidamente. De modo que al morir Eveneor el dios se unió a Cito, y de su unión nacieron numerosos hijos con los que se pobló la isla.

En cambio, gracias al *Timeo* sabemos que Poseidón fortificó esa zona con un canal muy profundo, de unos diez kilómetros de largo, a partir del cual era posible acceder a otro canal interior que servía de puerto y donde los barcos muy grandes podían echar anclas. Para poder atravesar los dos cinturones de tierra que ceñían la ciudadela se construyeron esclusas.

La ciudad estaba protegida por un muro de oricalco, que significa «cobre de la montaña» (de *oréichalkos*, compuesto de *oros*, «monte», y *chalkos*, «cobre»), de 70 kilómetros de diámetro, y en su centro se elevaba un gran templo, vallado con oro, dedicado a Poseidón y Cito. El templo, de 200 metros de largo y 50 de ancho, tenía las paredes laminadas en plata y el techo cubierto de oro; en su centro se había colocado la estatua de Poseidón de oro macizo y a su alrededor se levantaban multitud de estatuas de plata y oro que daban a este lugar un aspecto extraordinario donde lo sagrado y la riqueza más desenfrenada se unían en un abrazo indisoluble.

35

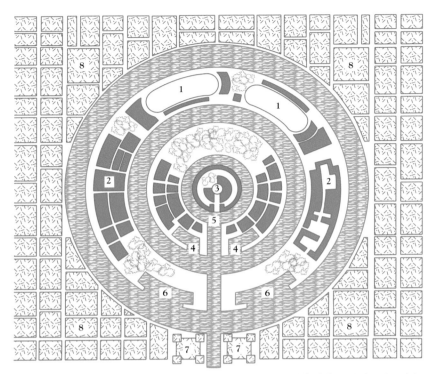

Reconstrucción de la planta de la mítica ciudad de Atlántida. (Dibujo de Delek Chokjin y Stefania Binaghi)

1. Hipódromos
2. Gimnasio y cuarteles
3. Fortaleza, palacio real y templo de Poseidón
4. Puertos intermedios
5. Puerto interior
6. Puertos exteriores
7. Torres vigía
8. Casas y barrios de los mercaderes

También la naturaleza había sido pródiga con la Atlántida. Aguas frescas y purísimas brotaban en varios puntos de la isla y había abundancia de frutos, animales y madera. Platón recuerda que en la isla existía una fruta especial de buen sabor pero, sobre todo, útil como medicina contra cualquier enfermedad.

El pueblo era feliz, no había corrupción, todos los habitantes eran amigos y las relaciones humanas eran limpias. Todo terminó cuando los «dioses atlantes» se pusieron en contacto con los habitantes de otras tierras. La naturaleza divina de los habitantes de la Atlántida se vició en contacto con los mortales comunes y su carácter se volvió cada vez más violento, reclamando conquistas y bienes terrenales.

Fue probablemente la ira de Zeus lo que provocó la desaparición de la isla. Como nos recuerda también Platón, hubo espantosos terremotos y una lluvia torrencial cayó durante un día y una noche. Todos murieron y el gran imperio de la Atlántida quedó para siempre bajo las aguas.

✹ LA ATLÁNTIDA EN *EL TIMEO*

Del siguiente modo habla Crizia en El Timeo *sobre la Atlántida cuando refleja las palabras dirigidas a Solón por un sacerdote egipcio:*

«En nuestras historias se recuerdan muchas, grandes y maravillosas empresas de vuestra nación (Atenas). Pero entre todas una supera a las demás en grandeza y valor. Estas historias hablan de una gran potencia que, sin ser provocada, mandó una expedición contra Europa y Asia, a la que vuestra ciudad puso término. Esta potencia venía del océano Atlántico, porque en aquellos días el Atlántico era navegable; y allí había una isla colocada frente a los estrechos que vosotros llamáis Columnas de Hércules; la isla era más grande que Libia y Asia puestas juntas y era paso hacia otras islas, desde las cuales se podía llegar a cualquier parte del continente opuesto que rodeaba al auténtico océano; de hecho, el mar que se encuentra dentro de las Columnas de Hércules [el Mediterráneo, N. d. A.], sólo es un puerto con una entrada angosta, mientras que el otro es un verdadero mar, y la tierra que por todas partes lo rodea puede en buen derecho considerarse un continente sin límites. Entonces, en esta isla de la Atlántida, había un gran y maravilloso imperio que dominaba toda la isla y otras muchas y parte del continente; y además los hombres de la Atlántida habían sometido a la parte de Libia que se encuentra justo dentro de las Columnas de Hércules hasta Egipto, y parte de Europa hasta Tirrenia.

»Esta gran potencia reunida en un solo Estado intentó de un solo golpe subyugar nuestro país y el vuestro, así como toda la región de dentro de los estrechos; y entonces, oh Solón, tu patria brilló sobre todo el género humano por la excelencia de su valor y su fuerza. Se distinguió por el coraje y la virtud militar y se puso a la cabeza de los Helenos. Y cuando los demás la abandonaron, al verse obligada a quedarse sola, ella, después de correr gravísimos peligros, venció a los invasores y triunfó sobre ellos, salvó de la esclavitud a cuantos estaban todavía sometidos y liberó generosamente a todos los que vivíamos dentro de las Columnas. Pero después hubo violentos terremotos e inundaciones, y tan sólo en un día aciago y una noche todos vuestros guerreros fueron arrastrados y así desapareció también la isla de Atlántida en las profundidades de los mares. Por esta razón no puede superarse el mar en esos lugares, pues hay un banco de fango, y todo eso fue provocado por el hundimiento de la isla».

ISLA DE PASCUA

El misterio de los primeros habitantes

Rapa-Nui (que significa «gran roca») o Te-Pito-O-Te-Henu'a («ombligo del mundo»), más conocida como Isla de Pascua, es una pequeña isla de 24 × 16 kilómetros de roca negra volcánica —se encuentra a 3.747 kilómetros de la costa sudamericana y a 4.500 de Tahití— que el misterio ha transformado en un lugar mítico por excelencia, un lugar donde la historia y la leyenda se confunden irremisiblemente.

Debe su nombre occidental, carente de la poesía que la toponimia local le ha atribuido, a un almirante holandés, Jacob Roggeween, que desembarcó allí el sábado santo de 1722. Hasta entonces la tierra de las grandes caras de piedra vivía todavía dentro de su campana de cristal.

Cuando el almirante holandés desembarcó en la isla quedó profundamente sorprendido por la presencia de centenares de estatuas de piedra de considerables dimensiones. Tenían el rostro hacia el interior, es decir, de espaldas al océano, y algunas estaban coronadas por un singular sombrero rojo. La población que allí residía era todo lo que quedaba de los constructores de las estatuas, los únicos conocedores, probablemente, de los motivos reales que indujeron a los habitantes a ese trabajo.

El capitán James Cook creyó que podría obtener algún dato más cuando unos cincuenta años después de Roggeween visitó la isla. El gran navegador, valiéndose de intérpretes polinesios, logró averiguar que la población establecida se consideraba descendiente de los autores de las grandes estatuas, realizadas veintidós

generaciones antes. Según la tradición local, unos cuantos valerosos maoríes guiados por el rey Hotu-Matu'a habían llegado a la isla tras viajar en dirección al «sol de levante» partiendo de Marae Renga, una localidad misteriosa, quizá una isla de las Marquesas. Después de un largo viaje en piraguas (¡unos 4.000 kilómetros!), Hotu Matu'a desembarcó en la playa justo cuando su mujer daba a luz a su hijo: una señal divina que el rey interpretó como símbolo de buen augurio. Lamentablemente, casi todas las especies animales llevadas por los navegantes —a excepción de las gallinas y los ratones— murieron, aunque por suerte los maoríes habían logrado salvar de la furia del Pacífico varios árboles de su tierra de origen —cañas de azúcar y bananos entre ellos— que en poco tiempo proliferaron por la isla.

Como primeros refugios utilizaron las barcas vueltas del revés, solución «arquitectónica» que adop-

tarían las futuras generaciones. Precisamente durante mucho tiempo en la isla la forma de las casas recordaría a una embarcación.

Sea cual sea el origen de los habitantes de esta espléndida isla y al margen de cualquier reconstrucción mítica, los arqueólogos afirman que las grandes estatuas fueron levantadas a partir del siglo V.

El culto a los pájaros

En torno al siglo XV se impuso en la Isla de Pascua el culto a la divinidad Makemake, un hombre-pájaro representado en muchas inscripciones rupestres y del que se han hallado también algunas estatuas. Los dos centros de culto eran Orongo y el islote de Motu Nui. Cada año la gente del lugar competía por hacerse con el primer huevo depositado por la perdiz pardilla en el islote de Motu Nui. Una prueba que, en palabras de Al-

---

⊗ LOS TESTIMONIOS SOBRE LOS HABITANTES DE LA ISLA

El misterio que rodea a los habitantes de Rapa-Nui está todavía por resolver. En su ensayo Siete han pasado, la octava está pasando, *Paul Hermann escribía: «Los primeros europeos que exploraron la Isla de Pascua encontraron a muchos individuos casi blancos. Parte de los hombres eran barbudos (la barba se desconoce en los Mares del Sur, como entre los amerindios); la gente contaba que algunos de sus antepasados eran blancos, otros de piel oscura».*

Según el navegante y arqueólogo noruego Thor Heyerdahl, que apoyaba el origen preincaico de los habitantes de la Isla de Pascua, «al llegar Roggeween, subieron a bordo para dar la bienvenida algunos hombres altos y robustos, probablemente polinesios de piel clara. Pero no parecía que este pueblo fuera de raza pura, porque entre ellos había individuos de piel más oscura y otros incluso blancos como los europeos» (Thor Heyerdahl, Aku Aku*).*

Este fenómeno singular se comentó durante mucho tiempo. En las crónicas recogidas por los navegantes de paso y los evangelizadores se encuentra a menudo escrito, en referencia a los habitantes locales, que «en los tiempos antiguos muchos antepasados tenían la piel blanca, pelo rojo y ojos azules».

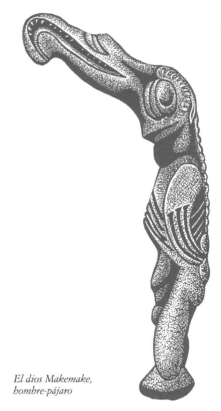

El dios Makemake, hombre-pájaro

jas con lóbulos alargados. Estas enormes representaciones en roca volcánica se levantaban sobre *ahu* (plataformas funerarias), siempre dirigidas hacia las casas y los campos del clan que las había construido. En la actualidad son casi seiscientas las estatuas encontradas, algunas colocadas todavía en su posición primitiva, otras caídas, otras nunca terminadas. En general, su altura gira en torno a los 4-5 metros, pero las hay que alcanzan los 9.

A pesar de que ahora, como decíamos, los estudiosos están convencidos de que las grandes estatuas, los *Moais*, deben relacionarse con el culto a los antepasados, se han vertido ríos de tinta para tratar de vincular a estas enigmáticas estructuras con continentes desaparecidos o visitantes espaciales.

El final de una civilización

Hacia 1600 la Isla de Pascua se vio sacudida por una gran guerra interna, tal vez como consecuencia de la llegada de nuevas poblaciones. A esto se añadió la escasez de árboles, abatidos poco a poco sin ningún control, lo que desertizó el terreno.

fred Metraux *(La isla de Pascua)*, «constituía el tema central de los ritos desencadenando las más violentas pasiones. El objetivo puede parecer desproporcionado en relación con los esfuerzos empleados en alcanzarlo y con los peligros corridos por los que ambicionaban aquel magro botín. El huevo era la encarnación del dios Makemake y la expresión tangible de fuerzas religiosas y sociales de gran intensidad. El propósito de la lucha por la posesión de un huevo no era otro que el favor de los dioses y la confirmación del poder político».

El secreto de los gigantes de piedra

La construcción de las estatuas parece que tenía que ver con el culto a los antepasados. Originariamente las formas no seguían un orden preciso, pero a partir del siglo XI hubo una especie de generalización de efigies caracterizadas por un aspecto recurrente, en el que prevalecía la presencia de grandes ojos y ore-

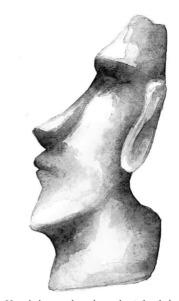

Una de las grandes cabezas de piedra de la Isla de Pascua. (Dibujo de Michela Ameli)

Así, lentamente, la muerte y la desolación conquistaron la isla y numerosos *Moais* fueron derribados. Los gigantes de piedra, representación de la fuerza de los antepasados de «largas orejas», quizá el pueblo más antiguo de la isla, fueron destruidos por gentes nuevas, desconocidas para nosotros, que las leyendas locales denominan como de «orejas cortas». En cualquier caso, ni siquiera a

Las grandes estatuas de Rapa-Nui. (Fotografía de DR / Diaporama)

ellos les reservó el futuro grandes posibilidades. A mediados del siglo XIX, en la Isla de Pascua había poco más de un centenar de personas. La anexión a Chile garantizó su supervivencia, así como la del delgado hilo que la unía a uno de los misterios más fascinantes del planeta.

⊠ EL DÍA QUE «DESAPARECIÓ» LA ISLA DE PASCUA

En el verano de 1928 un crucero inglés se encontraba cerca de la Isla de Pascua, etapa importante para los numerosos turistas que, desde todas partes del mundo, llegaban para visitar los Moais, obra maestra del arte y la religión arcaica. El comandante y los oficiales, una vez cumplidas las habituales operaciones, se dieron cuenta de un hecho extraordinario: ¡la isla había desaparecido! Inmediatamente zarpó una nave desde Valparaíso para investigar el singular fenómeno y, curiosamente, en cuanto llegó al lugar la isla había vuelto a su sitio. Tal vez los marineros del barco inglés habían cometido un error de valoración. O se escondía un fenómeno extraterrestre tras el hecho. El misterio, todavía hoy, sigue sin desvelarse.

39

LITTLE BIG HORN

La destrucción de una cultura

Los indios de América, hoy más justamente llamados nativos americanos, entraron oficialmente en la historia cuando Cristóbal Colón descubrió en 1492 ese continente al que llamó, equivocadamente, India. Aquellas poblaciones, que entonces sumaban cerca de 22 millones de individuos, se habían formado muchos años antes, cuando diversas etnias de raza mongoloide habían llegado a Alaska a través de Siberia recorriendo el estrecho de Bering. Lentamente se dispersaron a lo largo del continente y descendieron hasta la Tierra del Fuego. Para las poblaciones autóctonas, el encuentro con los blancos fue desde el principio una especie de «salto al vacío». Primero debieron hacer frente a los misioneros que, llevados por Colón en su segundo viaje, intentaron cristianizarlos «pacíficamente» y, seguidamente, a los conquistadores, que en cuarenta años de exploraciones y opresiones devastaron el fragilísimo equilibrio de la América del centro y sur en una continua alteración de la cultura autóctona que, a menudo, terminó en guerras sanguinarias en las que los nativos salieron casi siempre profundamente mermados. En 1830 Estados Unidos decidió asignar territorios a los nativos que habían sido alejados de sus tierras de origen, pero estos nuevos espacios de asentamiento se fueron reduciendo debido a la presión ejercida por los colonizadores blancos. Actualmente en Estados Unidos y Canadá hay cerca de 2.500 reservas y en el continente americano se han reconocido 381 de las 600 naciones indias en las que se hablan unas 150 lenguas diversas.

Entre los fantasmas del río

El 25 de junio de 1876, en el río Little Big Horn, los chaquetas azules guiados por el general George Armstrong Custer sufrieron una derrota que, por su gravedad y sobre todo por la repercusión que tuvo, pasó a formar parte rápidamente del mito.

Todavía hoy los historiadores, pero en especial los apasionados del tema, siguen preguntándose por aquel sanguinario encuentro y cada año esta porción de tierra es cruzada a lo largo y ancho por gentes de todas las nacionalidades y culturas a la búsqueda de «algo» que pueda refrescar el mito de esa gran batalla. De hecho son muchos los fascinados por una batalla que, por muchos motivos objetivos, puede considerarse ciertamente una de las más grandes de la historia.

A la formación de la leyenda que envuelve a «la batalla de Custer» ha contribuido la literatura y el cine, auténticas cajas de resonancia de uno de los episodios más dramáticos y cruentos de la conquista del Lejano Oeste.

Todo lo que sabemos sobre qué sucedió realmente en ese día de junio lo debemos a los testimonios de los guerreros indios que, aunque «parcial», son el único testimonio directo de la batalla. Efectivamente, ni uno solo de los soldados blancos salió vivo de esa remota región de Montana donde una confederación de tribus lakota y sioux, aliadas con la nación cheyenne, derrotó al Séptimo de Caballería capitaneado por Custer.

Ahora sabemos que estos hombres, mientras avanzaban a lo largo del río Rosebud, identificaron huellas frescas que probaban el paso de numerosos pieles rojas. El Séptimo de Caballería se dividió entonces en tres grupos: al mando de uno de ellos, de 210 hombres, estaba el general Custer, conocido ya por los nativos que lo habían bautizado con el nombre de Cabellos Largos. Este grupo, al llegar a las cercanías de un poblado, salió a la carga con la certeza de someter rápidamente a los habitantes. En realidad fue un error gravísimo: entre las tiendas había cerca de 2.500 guerreros dirigidos por Toro Sentado y Caballo Loco. Poco después, Cabellos Largos y su grupo fueron aniquilados en una masacre sin precedentes y Custer fue asesinado, por Toro Blanco, nieto de Toro Sentado. Sólo un caballo regresó de aquella carnicería.

Tres italianos afortunados

Entre las filas del Séptimo de Caballería militaba también un italiano, el sargento Giovanni Martini (1853-1922), trompetista que había llegado al Nuevo Mundo desde su natal Sala Consilina con la esperanza de encontrar algo de fortuna. La encontró el 25 de junio cuando fue asignado a la Compañía A, una de las dos que no estaban al mando de Custer.

La misma fortuna tocó a otros dos italianos: el teniente Carlo Camillo De Rudio di Belluno (1832-1910) y Augusto De Voto di Genova (1852-1923), ambos asignados a la Compañía B. Ellos, como otros muchos, se salvaron de la masacre.

✶ LA DANZA DE LOS ESPÍRITUS

A partir de 1870 hizo su aparición entre los indios norteamericanos la llamada Danza de los Espíritus (Ghost Dance, en inglés), que tuvo en el indio Jack Wilson su profeta más conocido. Este hombre, sin duda un místico, dijo que durante un sueño muy profundo había viajado al mundo celestial, donde había recibido la orden de volver a la Tierra para cumplir con la tarea de predicar. Este fue el mensaje llevado a sus hermanos:

«Bailad durante cinco días. Hacedlo cuatro noches seguidas y en la última noche hasta la mañana siguiente. Luego debéis bañaros en el río y después volved a vuestras casas».

La danza, de carácter estático, era dirigida por un maestro que sujetaba en las manos una pluma de águila y una pequeña tela; cuando los bailarines caían extenuados se decía que entraban en contacto con los espíritus, de los que obtenían numerosas enseñanzas y preceptos. Entre los adeptos se difundió la convicción de que Jack Wilson había venido a la Tierra como hijo de los dioses para castigar a los blancos y restablecer el antiguo dominio indio.

Muchos de los participantes en la danza vestían indumentarias que creían inmunes a las balas y había quien defendía que junto a los antepasados resucitarían también todos los bisontes muertos. La mayoría de los nativos veía en el regreso de los muertos la posibilidad de superar en número a los blancos y, de ese modo, aumentar sus fuerzas contra el imperialismo. Esto alimentó fuertes tensiones escatológicas que, poco a poco, fueron aumentando hasta el punto de que el gobierno norteamericano prohibió la Ghost Dance Religion. La prohibición, sin embargo, se ignoró y provocó la intervención de las tropas gubernamentales, las cuales, el 28 de diciembre de 1890, en la batalla de Wounded Knee, abatieron a los sioux (durante los enfrentamientos murió también el mítico Toro Sentado).

Desde entonces, la Danza de los Espíritus es sólo el eco de una tradición irremediablemente perdida, donde la religión y la voluntad de lucha se habían amalgamado en una única dimensión ritual.

41

LOS LUGARES SAGRADOS
DE LOS NATIVOS

El misterio
de los grandes túmulos

«Por lo que yo sé, no existen monumentos indios, salvo que se consideren como tales los túmulos encontrados en muchas zonas del país [...]. Son de diferente tamaño, algunos hechos con tierra, otros con piedras sin compactar. Que servían para acoger a los muertos es obvio para todos, pero no son seguras las circunstancias exactas de su construcción». Esta perentoria afirmación es del presidente de los Estados Unidos Thomas Jefferson, que en 1871 redactó la *Declaración de independencia americana*.

Efectivamente, en la zona entre los Grandes Lagos y el golfo de México se hallan muchos de esos túmulos, unos cien mil, que testimonian la existencia en la cultura de los indios norteamericanos de prácticas similares a las de las poblaciones neolíticas europeas. El propio Jefferson sugirió que esas singulares realizaciones habían sido construidas por poblaciones llegadas a América desde Europa, tal vez «a través de un paso al norte». Una tesis que se reveló exacta un siglo después, cuando geólogos y arqueólogos demostraron la existencia de una unión entre los dos continentes por el estrecho de Bering, todavía no sumergido entonces.

La presencia más importante de túmulos se aprecia en la zona comprendida entre los ríos Ohio y Misisipi. Su peculiaridad no es tanto el contenido (conjuntos funerarios o «tesoros», como fantaseaban los pioneros), que en la mayoría de los casos no se ha encontrado nunca, sino sobre todo la característica de asumir una forma definida, en especial animal, sólo si se observan desde una cierta altura. Una peculiaridad de gran interés que enlaza estas obras con las conocidas «pistas de aterrizaje» de Nazca y los «gigantes» prehistóricos dibujados en las colinas inglesas.

Un Nazca norteamericano

A cuatro mil millas al norte del desierto de Nazca, en California, se encuentra un lugar que presenta sorprendentes analogías con el más conocido de Perú. También en esta zona se localizan más de doscientos petroglifos que representan figuras humanas y animales, además de otros muchos dibujos abstractos. Se trata de obras de unos 240 kilómetros de extensión que se atribuyen a poblaciones que vivieron en esta

El túmulo de la serpiente (Lynos)

Símbolos de los nativos americanos

zona en torno al 1000 a. de C. y que sólo pueden verse desde lo alto.

Las figuras humanas son gigantescas (en general superan los 30 metros) y hay también un laberinto, al este de Needles, que mide unas 0,75 hectáreas.

También en este caso, como en Nazca, las hipótesis sobre la función de petroglifos de tales dimensiones sugieren múltiples interpretaciones. Además, incluso el observador más racional no puede esconder su estupor y su incapacidad de encontrar una única respuesta sobre el modo en que las grandes obras fueron realizadas y, sobre todo, sobre quién podía observarlas.

El secreto de la Gran Serpiente

Muchos lugares sagrados de los nativos norteamericanos han desaparecido, pero algunos han logrado superar intactos la desidia de los hombres, los ataques del tiempo y... la voracidad de las excavadoras. En Nueva Inglaterra, por ejemplo, existen todavía monolitos, las llamadas «piedras en vilo», a menudo colocadas cerca de lugares naturales sagrados como las corrientes de agua y las alturas naturales y artificiales, mientras que, esculpido en la roca sobre un promontorio de Kansas, en las fuentes del Little Arkansas River, se encuentra el túmulo de la Serpiente de Lynos, de cerca de 50 metros de largo, que parece ser una representación dirigida a los dioses del cielo. El túmulo que se ha estudiado y admirado más que ninguno es el de la llamada Gran Serpiente, que se encuentra en Adams County, en Ohio. El conjunto, formado por un terraplén cuya altura raramente supera el metro, se extiende más de 400 metros con una forma típica de reptil. Vista desde arriba, esta representación sorprende por su originalidad y la sorpresa aumenta si se considera que se trata de una realización del siglo I a. de C.

Los arqueólogos están convencidos de que se trata de una construcción

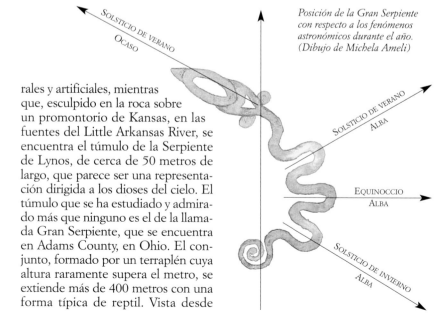

Posición de la Gran Serpiente con respecto a los fenómenos astronómicos durante el año. (Dibujo de Michela Ameli)

SOLSTICIO DE VERANO
OCASO

SOLSTICIO DE VERANO
ALBA

EQUINOCCIO
ALBA

SOLSTICIO DE INVIERNO
ALBA

43

⊗ EL CALUMET O PIPA SAGRADA

Entre los nativos americanos la pipa se utilizaba en especial durante los rituales que se practicaban para legitimar un acontecimiento: invocar a los espíritus para la guerra, la paz, la lluvia o la caza, o bien confirmar un momento importante para la tribu. El mango era de madera, pero la cazoleta podía ser de materiales diversos (en general, de arcilla). La construcción del calumet requería ritos precisos para otorgarle un carácter sagrado que nunca le abandonaría.

simbólica relacionada con la fertilidad, ya que la serpiente era una de sus representaciones en la cultura autóctona amerindia.

Actualmente, entre algunos arqueoastrónomos existe la tendencia a identificar en la organizada estructura de la Gran Serpiente una especie de «mapa» astronómico cuyo uso, sin embargo, no deja de ser meramente teórico. Según los expertos, los autores de la Gran Serpiente serían los adena, una población probablemente originaria de América central, que utilizó los túmulos como lugares de sepultura. Dentro se han encontrado numerosos conjuntos funerarios que casi siempre incluyen también la pipa sagrada.

Los adena

Los arqueólogos opinan que los autores de la Gran Serpiente fueron los adena, una población bastante misteriosa sobre la que se poseen pocos datos y que se considera de origen mesoamericano. Lo que sabemos con certeza es que fueron los primeros en cultivar el maíz en América y que se asentaron en el valle del río Ohio. Las tumbas de estas gentes, que se remontan a la mitad del primer milenio a. de C., nos aportan algunos datos más. En su interior se han encontrado algunos conjuntos funerarios pequeños, probablemente destinados a las almas de los difuntos para su vida ultraterrena. Del análisis de los restos humanos se ha descubierto, además, que los adena practicaban la deformación del cráneo, pero los motivos de esta costumbre siguen sin aclararse.

Los lugares para comunicarse con los espíritus

En las montañas del Big Horn, a casi 3.000 metros de altitud, se encuentra la Big Horn Medicine Wheel, una gran rueda de unos 30 metros de diámetro en cuyo centro se encuentra un túmulo de 60 metros de alto y 3,5 de ancho. Del túmulo parten veintiocho rayos hechos con piedras, cada una de ellas rodeada de un círculo de piedras más pequeñas. La función de esta estructura es todavía un misterio para los estudiosos. La mayoría sostiene que su uso estaba ligado a ritos relacionados con la naturaleza, pero no se excluye tampoco una función astronómica.

La relación con la observación astronómica se ha propuesto también en el famoso Gigante de Penokee, una figura humana realizada con piedras colocadas de modo que forman una gran plantilla visible sólo desde arriba. Algunos estudiosos consideran que en el pasado esta figura estaba alineada con la constelación de Orión.

Los túmulos con forma animal son, en cambio, bastante frecuentes en la zona comprendida entre los bosques de Wisconsin, Illinois occidental y Iowa. En general, se trata de construcciones que honran a algunos animales considerados sagrados por los pobladores del lugar. Un ejemplo muy interesante se encuentra en Georgia. Aquí, en un gran túmulo circular, se incluye una gran representación de un águila, uno de los animales sagrados más típicos de la religión nativa americana.

⊗ LA SIMBOLOGÍA DEL ÁGUILA

El águila es un animal que aparece frecuentemente en la tradición mítico-religiosa de los nativos americanos. Puede acompañar al guerrero toda la vida dentro de su nombre, pero también puede formar parte de las vestimentas rituales: de hecho, sus plumas constituyen un complemento decorativo importante, ya que están dotadas de enorme valor desde el punto de vista simbólico.

No olvidemos que en la simbología de muchas religiones el águila es el pájaro por excelencia. Principalmente es la criatura del cielo que más a menudo se ha colocado en relación con la divinidad. La razón es que se trata de un pájaro solar, dotado en las interpretaciones de los hombres de poderes extraordinarios, porque parece que es capaz de mirar al astro incandescente sin bajar los párpados.

Llamado «Pájaro del sol», el águila era el emisario precisamente del Padre Sol, encargado de participar activamente en las prácticas iniciáticas. No sólo eso, se le consideraba también el pájaro que podía llevar a los hombres al más allá. Pero sobre todo ocupaba un papel importante entre los animales que ayudaban al chamán.

Este pájaro se identificaba además con Baxbakwalanuxiewe, el espíritu caníbal encerrado en una roca que se abría para permitirle entrar y salir libremente, secuestrar a sus víctimas y llevarlas a lo más profundo del bosque, aunque casi siempre este mito era adoptado para dar un significado a la iniciación realizada en un periodo muy preciso de la formación de un guerrero. Los iniciados secuestrados por Baxbakwalanuxiewe, una vez llegados a las zonas más inhóspitas del bosque, entraban en contacto con este ser poderoso y misterioso que, de forma traumática, les enseñaba los aspectos más oscuros de la vida, tras lo cual podían volver a sus poblados.

MACHU PICCHU

Una ciudad divina entre las nubes

Las ruinas de Machu Picchu son probablemente el lugar más conocido de Perú, entre otras cosas porque, especialmente en los últimos años, cada vez son más los turistas que se acercan a esta ciudad, envuelta en la niebla y las nubes, siguiendo el Sendero del Inca, la antigua vía que parte de Cuzco y llega a Machu Picchu atravesando las montañas.

Cuentan que cuando el soberano inca Manco Capac fue derrotado por Francisco Pizarro en 1536, escapó de Cuzco para fundar otra capital, la casi mítica Vilcabamba. Casi mítica porque no se ha encontrado nunca y a menudo se ha considerado que era producto de una leyenda construida precisamente para dar sentido a la continuidad del imperio inca.

A principios del siglo XIX, sin embargo, los arqueólogos comenzaron a hacerse una idea diferente de la mítica ciudad fundada por Manco Capac. El primero en sugerir una nueva interpretación fue el arqueólogo norteamericano Hiram Bingham, quien en 1911 «descubrió» Machu Picchu (en realidad, Bingham llegó a un lugar que los autóctonos conocían muy bien y que llamaban «el antiguo pico», es decir, Machu Picchu).

Esta extraordinaria ciudad se encontraba cubierta por una densa vegetación, bien escondida por los picos, a cerca de 500 metros del río Urubamba, una obra maestra del urbanismo que desvelaba los conocimientos y los medios que los incas poseían.

La ciudad había sido dejada intacta por los habitantes, tal vez abandonada

Machu Picchu

a la carrera, hasta el punto de que alguno en el pasado la consideró una especie de Pompeya precolombina, aunque no había ningún rastro objetivo de acontecimientos dramáticos que pudieran considerarse las causas de su abandono. En conjunto, Machu Picchu es una ciudadela fortificada con una única entrada, organizada en terrazas que se regaban y cultivaban cuidadosamente; de hecho, existe un complicado sistema de acueductos que permitía llevar el agua a la ciudad y alimentar 16 fuentes. Junto a las estructuras con funciones prácticas, necesarias para garantizar la supervivencia de la comunidad, había otros edificios y algunos monumentos especiales de los que, sin embargo, se ignora su función original.

El misterio mayor de Machu Picchu lo constituye, sin duda, el modo en que los incas fueron capaces de realizar esta especie de acrópolis andina a más de 2.300 metros sobre el nivel del mar sin conocer la rueda ni, lamentablemente, la escritura. Efectivamente, la falta de cualquier tipo de información escrita sólo permite lanzar hipótesis sobre los procedimientos observando la complejidad de las construcciones realizadas con tanta audacia.

¿Hombres o dioses?

Es casi seguro que en Machu Picchu residía una clase privilegiada, probablemente nobles y sacerdotes que habían logrado transferir a esa localidad la dirección de los secretos de Estado, pero con más certeza de la religión y el rito.

En efecto, en toda esta ciudad envuelta en la niebla y colgada sobre el abrupto valle del Urubamba se percibe algo sagrado, pero también algo enigmático e inquietante: es como si las piedras perfectamente ensambladas de las construcciones, talladas con una habilidad que todavía sorprende y parece imposible con los medios de entonces, formaran parte de un mosaico del que conocemos sólo una parte, la más aparente.

El centro vital del lugar, definido como el «ombligo del mundo», es el Intihuatana, una especie de altar realizado con un único bloque de piedra que probablemente acogía los rituales dedicados al dios del Sol, Inti.

Pero lo que más ha alimentado la fantasía de los visitantes y que sigue siendo un verdadero dilema para los estudiosos es la presencia de una pequeña y maciza columnita que, en opinión de los arqueoastrónomos, sería una especie de primitivo pero refinado instrumento para indicar los solsticios, equinoccios y fases lunares. La misma función se ha atribuido al llamado Templo de las Tres Ventanas, que toma su nombre de tres aberturas perfectamente trapezoidales utilizadas para observaciones astronómicas.

Las causas del despoblamiento

Hay otro enigma sobre el que se interrogan los historiadores y todos los que cada año suben hasta el antiguo pico para sumergirse en un mundo fascinante pero inquietante: las causas de su despoblamiento. A diferencia de otros sitios, aquí no quedan huellas que permitan vislumbrar algún indicio para formular una hipótesis sobre cuál fue el final de la clase de privilegiados establecidos en este microuniverso autónomo del que sólo conocemos el nombre tradicional (el original es una completa incógnita). Se ha pensado en las acostumbradas luchas internas, pero faltan indicaciones en ese sentido, y también se ha sugerido la posibilidad de que una epidemia asolara el valle obligando a los habitantes a huir. Por supuesto, no han faltado hipótesis más propias de la ciencia ficción, como el regreso de los habitantes de Machu Picchu a su tierra de origen, es decir, un planeta no muy preciso incluido en otro sistema solar...

Pero hay más. Según los que creen que nuestro planeta fue colonizado por extraterrestres en épocas pasadas, la tecnología usada por los constructores del Machu Picchu sería de origen alienígena. Sobre todo a partir de los años setenta del siglo pasado, cuando la arqueoufología se convirtió en una auténtica moda, se aventuraron algunas teorías acerca de la realización de los grandes monumentos de la Antigüedad por medio de instrumentos técnicos evolucionados y luego desaparecidos con las grandes civilizaciones. Instrumentos que habrían sido suministrados por habitantes de otros mundos y utilizados para construcciones como las pirámides de Gizeh, las pirámides precolombinas y el Machu Picchu. Según los partidarios de la «teoría extraterrestre», las piedras perfectamente talladas de esta ciudad sagrada se habrían cortado con la ayuda del rayo láser, un medio que los simples mortales de siglos posteriores descubrirían sólo mucho, mucho tiempo después.

✵ EL ENIGMA DE LAS CIEN VÍRGENES

Cuando Pizarro conquistó Cuzco había dos edificios fundamentales en la ciudad: el Templo del Sol, máximo santuario del imperio, y la sede de las Vírgenes del Sol, sin duda la más importante del antiguo Perú. Las vírgenes, elegidas por un consejo imperial para tal fin según criterios de virtud y belleza, eran en algunos aspectos una especie de vestales, los personajes más sagrados después del emperador, consideradas las esposas del dios Inti, que debían respetar la castidad.

Cuando los conquistadores se adueñaron de Cuzco, saquearon también la sede sagrada de las vírgenes. Pero las mujeres lograron huir y no volvieron a encontrarse. Hiram Bingham afirmó que las cien vírgenes se habían refugiado en la ciudad escondida entre las montañas. Su tesis estaría corroborada por el hallazgo de un elevado número de momias femeninas que, según el arqueólogo, debían de ser las de las vírgenes que huyeron de los conquistadores.

NAZCA

Señales para los dioses

La zona de Nazca en Perú es muy conocida, incluso fuera del círculo de los arqueólogos, por los enigmáticos dibujos de gran tamaño trazados en el desierto y visibles en gran parte sólo desde lo alto. Quiénes eran sus destinatarios es todavía hoy objeto de discusión. Los grandes petroglifos, esparcidos en un área de 520 kilómetros cuadrados entre el océano Pacífico y los Andes, se realizaron con la intención de ofrecerlos a observadores que podían.... volar. De modo que estaban dirigidos a las di-

vinidades, únicos habitantes del cielo. Al menos esta es la respuesta racional, pero no la única. Desde mediados del siglo XIX algunos ufólogos han comenzado a pensar que esos grandes dibujos eran en realidad señales realizadas para comunicarse con los extraterrestres. Una teoría ciertamente arriesgada por lo fascinante, pero que no tiene nada que ver con la interpretación científica que ve, en cambio, en la planicie de Nazca una especie de gran santuario relacionado con la religión precolombina, de la cual desconocemos todavía muchos aspectos.

Un «libro» de tierra y piedra

A partir de las primeras décadas del siglo XX los estudiosos empezaron a ocuparse históricamente de las *líneas* de Nazca para tratar de datarlas y relacionarlas con alguna cultura autóctona. Hoy en día casi todos los arqueólogos coinciden en atribuir el gran conjunto a los indios nazca, que trazaron estas pistas especiales en el desierto entre el 500 a. de C. y el 500 d. de C. Así pues, durante mil años una población previa a los incas se esforzó en un gran trabajo sin una aparente motivación práctica, sino ex-

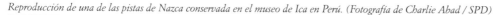

Reproducción de una de las pistas de Nazca conservada en el museo de Ica en Perú. (Fotografía de Charlie Abad / SPD)

47

✸ PIEDRAS DEL PASADO

En 1960, en el desierto de Ocucaje en Perú, después de un desbordamiento del río Ica, aparecieron en la superficie millares de piedras de diferentes tamaños decoradas con incisiones y figuras relacionadas inmediatamente con la cultura precolombina. Lo que alimentaba el misterio era que, entre las diferentes figuras, había también animales monstruosos y fósiles, además de escenas con hombres que realizaban actividades insólitas. Así que hubo quien defendió que esos seres, en realidad, eran alienígenas. Un nuevo misterio se añadía al del cercano, y ya bastante enigmático, Nazca.

Desde entonces ha surgido una discusión que no ha encontrado todavía solución. Por un lado, los que afirman la autenticidad de las Piedras de Ica, que las relacionan con una civilización anterior desaparecida (la de los incas); por otro, los numerosos científicos que sostienen que se trata en cambio de un fraude colosal. A día de hoy la verdad no ha sido todavía descubierta; las piedras misteriosas, mientras tanto, se conservan en el Museo de Piedras Grabadas, visitado cada día por oleadas de turistas.

clusivamente movida por intenciones simbólicas y, tal vez, rituales.

Vistos en conjunto, los dibujos y las líneas que atraviesan este desierto al abrigo del océano Pacífico no parecen tener ninguna función astronómica ni pueden considerarse «calles» con evidentes funciones prácticas. Los motivos que llevaron a su realización son, por tanto, todavía desconocidos. En el pasado, antes de la llegada de los ordenadores, se pensaba que el gran conjunto de figuras y líneas era una especie de carta celeste en estrecha relación con los solsticios. Sin embargo, cuando los dibujos se analizaron mediante sofisticados programas de software, no apareció nada que pudiera relacionar la presunta «carta» de Nazca con los motivos celestes y

su observación por parte de los autores de las pistas. Recientemente se ha sugerido que las líneas señalizarían la presencia de fuentes subterráneas. Una vez más, la teoría no se ha visto todavía demostrada.

Animales gigantes

En Nazca hay dos categorías de dibujos: la primera consiste en dibujos (figuras antropomorfas, animales e imágenes abstractas) hallados en las laderas de las colinas, para ser vistos por los que transitan por el fondo del valle, y la segunda formada por dibujos realizados en la superficie plana de la pampa y, por tanto, visibles sólo desde el aire. Aunque, efectivamente, un trazo o una línea pueden apreciarse también desde el suelo, las figuras compuestas y articuladas pueden verse sólo en su totalidad desde arriba.

Todas estas figuras se realizaron en la superficie de la planicie con un esfuerzo notable. Hay un entramado

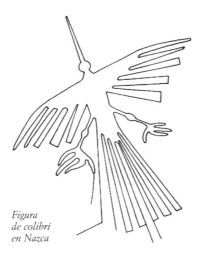

*Figura
de colibrí
en Nazca*

constituido por más de 1.300 kilómetros de líneas rectas de diferente longitud y anchura. Si se colocan juntas las líneas y los dibujos se obtiene una cubierta de cerca de 3,5 millones de metros cuadrados, correspondientes al 2 % de la pampa. Entre los animales se aprecian monos, orcas, arañas, pájaros, llamas y otros no siempre fáciles de identificar. Muy fascinante es el gigantesco colibrí representado con las alas desplegadas y realizado con una única línea ininterrumpida, cuyo pico se une a una línea perpendicular perfectamente alineada. La relación existente entre el pájaro y el sistema de pistas está, una vez más, sin resolver. También es enigmática la gran araña de cerca de 45 metros de largo realizada con un realismo y una precisión tales que permite a los científicos identificarla: se trataría de una *Ricinulei*, uno de los arácnidos más escasos en el mundo y presente sólo en la selva amazónica. Pero otro misterio rodea a este dibujo. La araña presenta bien delineado el aparato reproductor, situado en una pata. Lo extraño es que este órgano es visible sólo con el microscopio. Cuáles eran los conocimientos de las gentes anteriores a los incas que realizaron este extraordinario conjunto figurativo en la pampa peruana es una pregunta sin respuesta y, en cierto modo, inquietante. Podría ser que los indios de Nazca hubieran entablado con los dioses una relación de la que hoy sólo quedan las enigmáticas pistas y los dibujos trazados en la planicie, pero que estaban destinados a los habitantes del cielo y son, por tanto, incomprensibles para nosotros.

✸ NO SÓLO EN NAZCA

Los petroglifos de Nazca no son los únicos en el mundo. Se han encontrado figuras similares en el desierto de Mojave en California, en Tiviliche, en Santa Rosita y en Atacama en Chile. Entre los descubrimientos más recientes deben señalarse además los del fondo del lago Aral. Desde hace un tiempo se han empezado a estudiar los dibujos hallados en la Amazonia brasileña: petroglifos que representan cuadrados, círculos y rectángulos con medidas que van de los 50 a los 350 metros. Más reciente es el hallazgo en Mongolia de grandes figuras de insectos y pájaros trazadas sobre el suelo y visibles sólo desde el aire.

PALENQUE

La tumba de Pacal

Poco importa a la gran mayoría de los apasionados por los misterios sin resolver que la ciudad-templo de Palenque, situada en los primeros contrafuertes de la Sierra de Chiapas en México, constituya uno de los ejemplos más interesantes de la arquitectura y sobre todo de la escultura maya. Lo que les interesa es principalmente el misterioso «astronauta» esculpido en la piedra sepulcral de otro misterioso personaje: Pacal.

Sabemos que en el siglo VII Pacal fue el dominador de Palenque y que para él se construyó una pirámide que debería ser su tumba. A este edificio, conocido también como el Templo de las Inscripciones, se accede recorriendo una empinada escalinata que conduce al vértice de la construcción, desde donde es posible descender hacia la cripta donde se encuentra, precisamente, el sarcófago de Pacal.

Cuando en 1949 el arqueólogo mexicano Alberto Ruiz Lhuiller entró en él, se topó con varios esqueletos de víctimas que habían sido sacrificadas cuando Pacal fue enterrado. Luego entró en la cripta y así la describió: «Parecía excavada en el hielo, una especie de cueva con las paredes y el techo que parecían haber sido cepillados hasta ser completamente lisos, o bien una capilla abandonada con una cúpula vestida con cortinas de estalactitas, y del suelo se levantaban estalagmitas gruesas como chorretones de velas».

Las ruinas de Palenque. (Fotografía de R. Mattes / Diaporama)

Reproducción de la piedra sepulcral de Pacal

Pirámide de Pacal o Templo de las Inscripciones de Palenque. (Fotografía de Carlo Ruo Redda)

Todo estaba decorado y el cuerpo colocado en la tumba estaba adornado con joyas de jade. Pero lo que sorprendió más al arqueólogo fue la máscara de jade y obsidiana colocada sobre el rostro del cadáver y realizada como un mosaico. Una obra de extraordinaria exquisitez que confirmaba la importancia del personaje identificado como Pacal.

El secreto del «astronauta»

Sin embargo, el principal enigma de la tumba de Palenque fue seguramente desde el principio la tapa que cubría el sarcófago. En esta gran losa de piedra de cerca de 5 toneladas de peso se encuentra representado un personaje, retratado con una inconfundible vestimenta maya, colocado sobre un extraño medio de transporte que muchos consideran una especie de «nave espacial».

Y, en efecto, la representación resulta, cuando menos, ambigua, sobre todo debido a la realización formal que, al no tener perspectiva, anula los planos de la representación dando la impresión de que el cuerpo de la figura humana esté en estrecho contacto físico con una serie de objetos esculpidos en la piedra. La piedra sepulcral de Palenque permite, por tanto, ver lo que desee la imaginación. Así que lo que razonablemente podría ser el árbol sagrado, que en la religión maya unía la Tierra con el reino de los muertos, acaba siendo una especie de «misil».

Actualmente, los expertos han desmontado por completo la «tesis del astronauta».

Los arqueólogos han señalado que la elaborada imagen esculpida en la piedra del sarcófago de Pacal no es más que una típica representación del viaje al más allá realizada con la ayuda de todos los elementos simbólicos fácilmente identificables en la iconografía que ilustra el itinerario del alma de un difunto hacia el mundo de los muertos.

Pero, a pesar de los desmentidos oficiales, son todavía muchos los que sostienen que ese extraño personaje vestido como un guerrero maya podría ser en realidad un alienígena representado como lo vieron, hace casi dos mil años, los hombres de Palenque. Por otra parte, hay mitos que nunca mueren, porque consiguen infundir un extraño sentido de esperanza (e inquietud al mismo tiempo) al permitir pensar que desde algún punto del universo, hace mucho tiempo, alguien partió para colonizar a gentes cuyo recuerdo, para nosotros, se encierra en sus pirámides y sus impenetrables esculturas.

✸ LA METRÓPOLIS DESCUBIERTA

Los arqueólogos que exploran sin cesar la impenetrable jungla que rodea Palenque han descubierto poco a poco una gran cantidad de edificios, hasta el punto de que hoy se puede suponer la existencia de un gran centro urbano situado alrededor de la ciudad-templo. El lugar fue habitado del 200 al 900 d. de C. y, en opinión de los investigadores, se caracterizaba por un organizado sistema hídrico (uno de los acueductos más complejos construidos por los mayas) que permitía disponer de agua corriente en toda la ciudad.

Los numerosos materiales arqueológicos hallados, junto a los que todavía esperan ser desenterrados, permitirán probablemente un día llegar incluso a los orígenes de esta ciudad, surgida de la nada y de la que aún no sabemos mucho.

LOS *PUEBLOS*
Y SU INTERPRETACIÓN

Anasazi: la tribu perdida

Muchos de los *pueblos* encajados en
la piedra —como casitas de un be-
lén— fueron descubiertos recientemente, entre finales del siglo XIX y
comienzos del siguiente. Algunos
eran imponentes, como el de Keet
Seel, el más grande de Arizona,
otros demostraban que los constructores de esas ciudades «pega-
das» a la roca poseían conocimientos realmente sofisticados y que
conservaban las técnicas adoptadas
por los más antiguos pobladores del
suroeste norteamericano.

Cuando Colón desembarcó en
América, los constructores de los
pueblos habían desaparecido hacía
ya dos siglos y con ellos se habían
perdido también muchas tradiciones y un antiguo saber del que hoy
sólo quedan muchos edificios ado-
sados a las paredes rocosas. Estas
edificaciones volvieron a utilizarse
durante las guerras indias, en la segunda mitad del siglo XIX, por los
navajos y los apaches.

Los nativos dijeron a los blancos
que esas construcciones de barro,
madera y piedra eran obra de los
anasazi (que significa «antiguos»)
—una antigua población que no conocía los metales ni la rueda y que
como única arma tenía el *atlatl*, un
propulsor usado para disparar lanzas con punta de piedra—, y los españoles los bautizaron con el nombre de *pueblos*.

Alrededor del siglo V d. de C. la
agricultura pasó a ser un recurso importante para la economía de los anasazi. Se transformaron así en cultiva-
dores de maíz y calabazas y, además,
se hicieron famosos por su extraordinaria capacidad para construir cestos

El pueblo de Cliff Palace (Mesa Verde) en Arizona. (Fotografía de R. Mattes / Diaporama)

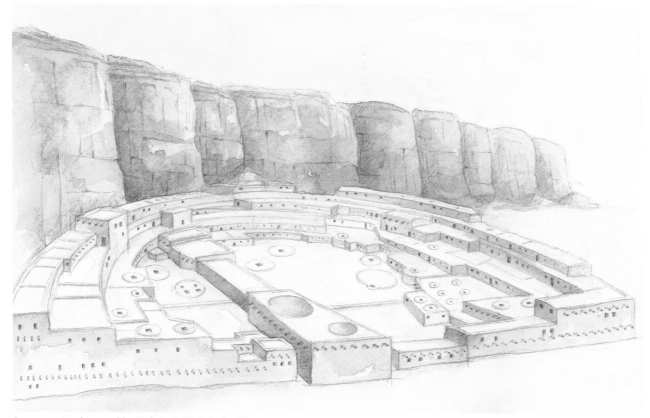

Representación de un pueblo. (Dibujo de Michela Ameli)

con hojas de yuca y otras fibras vegetales entrelazadas. No sólo eso: aprendieron también a trabajar la cerámica, técnica probablemente «importada» desde el centro de América, convirtiéndose en auténticos maestros en la realización de obras fascinantes hábilmente decoradas.

Observatorios de las estrellas

La compleja estructura de los *pueblos* tenía que ver con una visión simbólica estrechamente vinculada con la religión. Los ritos se desarrollaban dentro de las *kivas*, cámaras sagradas donde se practicaban ceremonias que siguen siendo un misterio para el hombre blanco. Los anasazi, como los hopi y los zuni, estaban convencidos de que existía un fuerte nexo entre el hombre y el universo, y para ellos cualquier fase de la vida estaba condicionada por la eterna lucha entre el bien y el mal.

Además, esta visión fuertemente simbólica no dejaba de lado el enfoque científico. En Casa Grande, Nuevo México, se ha encontrado un primitivo «observatorio astronómico» capaz de señalar, a través de la proyección de la luz orientada por varios orificios, los equinoccios de primavera y otoño. Por otra parte, la observación de las estrellas y de las condiciones atmosféricas era fundamental para una cultura que había hecho de la agricultura su principal medio de subsistencia.

✸ EL LABERINTO DEL INCONSCIENTE

Numerosos motivos decorativos de las vasijas trabajadas por los anasazi se refieren al enigmático símbolo del laberinto, forma compleja, organizada y, también a menudo, un poco caótica. Entrar y poder salir después del laberinto es toda una prueba iniciática, una experiencia que conduce simbólicamente al descubrimiento de las propias posibilidades. Bajo ciertos aspectos, una vía para aprender a apreciar otra visión de las cosas.

El psicoanálisis jungiano ha considerado el laberinto una figura arquetípica, parte integrante del patrimonio inconsciente de todo hombre. Esta figura propone además en todas las culturas una relación fundamental con el ámbito de lo sagrado: una relación que, sin duda, fue también descubierta por aquellos hombres, autores de pinturas misteriosas en las que se refleja el universo de la divinidad.

Si bien los estudiosos están de acuerdo en afirmar que los *pueblos* se construyeron para garantizar una mejor defensa de la población, hay disparidad de opiniones sobre los motivos que obligaron a los habitantes a abandonar sus poblados.

En general, se cree que fueron las condiciones climáticas sobre todo las que alejaron a las tribus. Principalmente la gran sequía y la deforestación descontrolada, que empujaron a los habitantes de los *pueblos* a buscar nuevos emplazamientos. Cuáles fueron sigue siendo, sin embargo, un misterio.

Pueblo Bonito, la capital

Los grandes centros anasazi fueron Chaco, en Nuevo México, Mesa Verde, en Colorado, y Kayenta, en el noreste de Arizona.

La capital de esta civilización agrícola, que había creado una extraordinaria simbiosis entre la arquitectura y la roca, era Pueblo Bonito, en el cañón del Chaco.

A principios del siglo XI Pueblo Bonito estaba en el punto más alto de su esplendor. Los edificios formaban un gran anfiteatro abierto al sur, en dirección al río, y el centro estaba ocupado por dos grandes *kivas* subterráneos, cuyo acceso sólo se permitía a los hombres. El espacio reservado a las mujeres se concentraba, en cambio, en los techos planos del poblado, donde se desarrollaba la mayoría de las actividades colectivas.

Allí las mujeres desgranaban el maíz, preparaban la comida y modelaban y cocían la vajilla; los hombres, además de ocuparse de las actividades relacionadas con la agricultura, tenían la tarea de garantizar las prácticas que permitían mantener al grupo.

Como el agua era el bien principal, los habitantes de Pueblo Bonito habían construido una red de canales para conducir el agua de lluvia que descendía de las paredes del cañón durante las tormentas. A principios del siglo XV los habitantes abandonaron su ciudad para establecerse en zonas menos accesibles donde todavía viven sus descendientes, los zuni y los hopi. Desde entonces, Pueblo Bonito se convirtió en una ciudad fantasma, dominada por la arena y las leyendas.

✴ EL CANIBALISMO

A aumentar el aura de misterio y de fascinación que envuelve a los anasazi, considerados por los partidarios de la new age ejemplo de la «tribu perfecta», han contribuido los recientes hallazgos arqueológicos, que parecen demostrar que en esa población se practicaba la antropofagia. La singular hipótesis se basa en el descubrimiento de huesos humanos con fracturas muy similares a las señales de sacrificio visibles en restos animales. Además, se han encontrado en un caldero rastros de mioglobina, una proteína presente en el corazón y los músculos humanos. Es posible que la práctica de la antropofagia fuera consecuencia directa de la influencia ejercida por las poblaciones precolombinas de México.

Las míticas ciudades de Cibola

En abril de 1528 arribaba a las costas de la actual Florida, cerca de la Bahía de Tampa, una flota española guiada por Pánfilo de Narváez, valiente e intrépido capitán. Su intención era llegar a las míticas «ciudades de oro» de Cibola que, según la leyenda, debían encontrarse al norte de ese país desconocido. Tras muchas dificultades, cuatro miembros de la expedición —todos los demás perecieron durante los primeros meses de la empresa, incluido el capitán Narváez—, es decir, Álvaro Núñez Cabeza de Vaca, Andrés Dorantes, Alonso del Castillo Maldonado y Estebanico Dorantes, consiguieron alcanzar en el límite de sus fuerzas la península de Velasco, en la costa texana.

Sobre esos viajes, Cabeza de Vaca escribió una *Relación* considerada por muchos aventureros como una especie de mapa para llegar a las ciudades de oro. En realidad, el texto contenía exclusivamente indicaciones sobre los usos y costumbres de las poblaciones encontradas

✴ LA UNIÓN INDISOLUBLE CON LA NATURALEZA

Para los anasazi el ciclo de las estaciones y el clima dependía del Pájaro del Trueno, que tenía el poder de desatar el rayo con la mirada y los truenos con el batir de sus alas; a su alrededor había toda una serie de espíritus inferiores.

Las nubes y las estrellas se consideraban seres vivos; el sol y la luna eran hermanos; la tierra, una mujer origen de todo; vientos, sol y lluvias eran manifestaciones del Gran Espíritu que a través de ellos comunicaba a los hombres su estado de ánimo.

Cada hombre aparecía en la Tierra empujado por el aliento de uno de los cuatro vientos: el que dominaba en el periodo del año en que había nacido. Su carácter, por tanto, estaba condicionado por las estaciones. Una interpretación similar a la teoría de los «cuatro humores», difundida sobre todo en la tradición renacentista occidental.

Así explicaban los chamanes las características de los lugares donde soplaban los cuatro vientos:

— norte: el lugar de la sabiduría;
— este: el lugar de los inicios, la dirección de toda salida;
— sur: el lugar de la fuerza y el vigor;
— oeste: el lugar que indica la importancia del sacrificio, que da conocimiento de las dificultades de la vida.

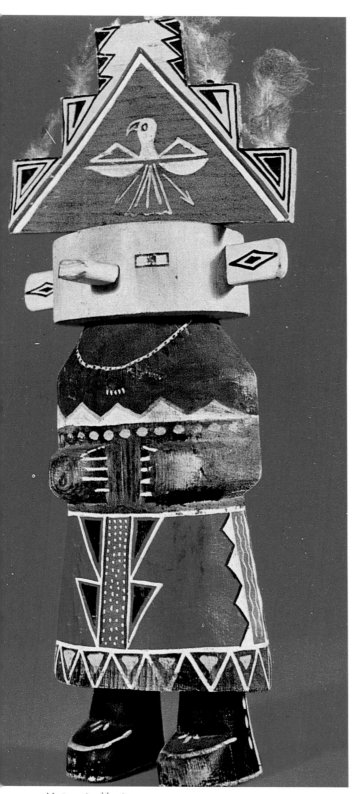

Muñeca ritual hopi

¿LOS ZUNI PROCEDÍAN DE JAPÓN?

Recientemente, algunos estudiosos han sugerido una curiosa hipótesis que contribuye a rodear de un aura de misterio el origen de los zuni, los sucesores de los anasazi. Según estos investigadores, un grupo de nómadas japoneses llegó a América por mar en torno al siglo XIII, mezclándose con los nativos y dando así vida a la población de los zuni.

Este grupo, todo hay que decirlo, ha constituido desde siempre un verdadero enigma para los antropólogos, porque su lenguaje no presenta ninguna analogía con el de las otras tribus del continente. La relación con Japón, sin embargo, parece francamente difícil de sostener científicamente, aunque sus partidarios siguen defendiéndola y estudiando nexos que, por el momento en los ambientes académicos, se miran todavía con escepticismo.

durante esas peregrinaciones, pero de las ciudades de Cíbola no había mención alguna. Muchos pensaron que se trataba de un truco del autor para guardar el secreto. Entre ellos se encontraba el virrey de Ciudad de México, don Antonio de Mendoza, que organizó una expedición para tratar de resolver definitivamente el misterio.

Después de meses de búsquedas inútiles, la expedición avistó una ciudad que tenía un aspecto muy distinto de lo que esperaban los conquistadores. Esto escribió en su diario fray Marcos de Nizza, guía espiritual del grupo que ya había acompañado a Pizarro en la conquista de las tierras de los incas: «Con mis indios e intérpretes seguí camino hasta que dimos con Cíbola, que yace en una explanada sobre la pendiente de una colina redondeada. La impresión de este centro habitado es óptima. Es el más importante centro que jamás haya visto en estos pagos. Como me han contado los indios, todas las casas son de piedra, con varios pisos y tejados planos. Por cuanto pude ver desde una altura a la que me dirigí para poder mejor observar, es más grande que la Ciudad de México». No es difícil intuir que los exploradores habían llegado realmente a un *pueblo*...

EL NACIMIENTO DE LA ETNOMUSICOLOGÍA

Con el término etnomusicología los especialistas se refieren tanto al estudio del folclore musical como al de la música de fuera de Europa. Esta ciencia fundamental, que ha permitido conservar un patrimonio de inestimable valor, nació oficialmente hace más de un siglo. De hecho, fue en 1891, dentro del primer volumen del Journal of American Archeology and Ethnology, *cuando apareció la trascripción, en anotaciones occidentales, de algunos cantos recopilados por Jesse Walter Fewkes (que utilizó por primera vez el fonógrafo de Edison) entre los zuni de Nuevo México.*

55

TENOCHTITLÁN

La ciudad sobre el agua

Tenochtitlán, la ciudad mexicana sobre el agua, obra cumbre de la cultura azteca, dejó estupefactos a los conquistadores, los cuales ante aquel imponente lugar creyeron encontrarse en presencia del mítico El Dorado. Para hacerse una idea de qué imágenes surgieron en sus mentes basta con leer algunas líneas de la *Historia verdadera de la conquista de la Nueva España*, de Bernal Díaz del Castillo: «Viendo tantas ciudades y pueblos dispuestos sobre el agua y otros en tierra firme, nos sobrecogió la admiración y creíamos que de encantamientos se trataba [...], en razón de las grandes torres, los templos y las pirámides que emergían del agua, y algún soldado se preguntaba incluso si no se trataría de un sueño».

Tenochtitlán era la ciudad santa en la que se recortaba la gran pirá-

✦ A LA BÚSQUEDA DE EL DORADO

Muchas de las grandes ciudades de la América precolombina fueron consideradas, por la fantasía de los conquistadores, el mítico El Dorado, la ciudad de la que se decía que estaba construida completamente en oro, metal que desde siempre ha supuesto la satisfacción y la ruina de los hombres. «El oro es hijo de Zeus. Ni la polilla ni la herrumbre pueden devorarlo, pero devora la mente de los hombres». Estas emblemáticas palabras del poeta griego Píndaro expresan claramente qué peso negativo había ejercido sobre los hombres el «hambre áurea», una especie de apetito a menudo insaciable. Pizarro, Cortés y otros muchos buscaron la mítica ciudad, pero no la encontraron. Recientemente, las investigaciones se orientan hacia el lago Guatavita, cerca de Bogotá, debido al descubrimiento a finales de 1960 de una espléndida miniatura de oro que representa una fase de una ceremonia de los muisica, de los que apenas se sabe nada, salvo que tenían por costumbre cubrir el cuerpo con polvo de oro antes de practicar sus ceremonias. Quizá fue esta singular práctica lo que alimentó la fantasía de los aventureros europeos.

mide doble dedicada a Tlaloc, dios de la lluvia, y Huitzilopochtli, dios del sol y la guerra. A su alrededor se agrupaban las viviendas de los sacerdotes, conocedores de los deseos de los dioses. Cerca de la gran pirámide se elevaba el templo dedicado a Ehecatl, el dios del viento, mientras que no muy lejos estaba el *tzompantli*, el singular depósito de cráneos de las víctimas de los sacrificios. No lejos de la entrada oriental se encontraba el campo de «juego de pelota», que algunos consideran un antepasado del fútbol y que, para los aztecas, tenía una importante función ritual.

Tenochtitlán era una ciudad perfecta y evolucionada, así como perfecto y evolucionado era el gran reino azteca que fue aplastado por un manojo de conquistadores que, aparentemente, no tenían ninguna posibilidad de vencer a la organizada máquina constituida por los nativos, tan armoniosamente equilibrados dentro de su estructura social de fuerte talante religioso.

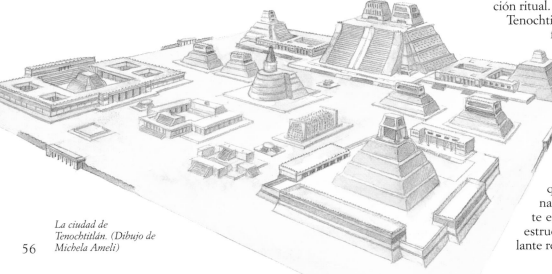

La ciudad de Tenochtitlán. (Dibujo de Michela Ameli)

Y precisamente fue esta estrecha vinculación a los dogmas de su credo lo que dio ventaja a aquellos hombres con armadura llegados del mar, tan diferentes que parecían venir de otros mundos.

Quetzalcoalt y el final de los aztecas

El 8 de noviembre de 1519 Hernán Cortés, seis meses después de partir de las costas del Yucatán, llegó a la capital azteca que describió entonces con estas palabras: «Está construida sobre una laguna salada y dista, desde cualquier punto, dos leguas de la orilla. Se puede acceder a ella por cuatro sitios a través de calles bien construidas del ancho de dos lanzas. Es grande como Sevilla o Córdoba [...]. La plaza más grande es dos veces la de la ciudad de Salamanca, completamente rodeada de pórticos, donde cada día entre compradores y vendedores habrá más de sesenta mil personas [...]. Tanto la parte de muro como la parte de madera están trabajadas de modo perfecto, y no creo que se en-

Los pueblos precolombinos no conocían los caballos, por eso les sorprendió tanto verlos en los cortejos de los conquistadores

cuentren mejores en ninguna ciudad del mundo».

Parece increíble, pero el hombre que tuvo palabras de tanta admiración hacia Tenochtitlán sería el artífice de su destrucción. Ese hombre que, dos años después de desembarcar, venció a una población que conocía bien el arte de la guerra, que dominaba con gran maestría el territorio y que estaba acostumbrada a vivir en un ambiente difícil y muy hostil para los europeos.

Se ha dicho que los conquistadores ganaron porque poseían armas de fuego y por su afán de conquistas. Hipótesis que fueron importantes en parte, pero que por sí solas no bastan para dar sentido al misterio del final de los aztecas. Muchos otros factores determinaron el declive de una de las civilizaciones más evolucionadas.

Del lado de los europeos estaba la mítica figura de Quetzalcoalt, por así decirlo, aunque los conquistadores no lo sabían. En cambio lo sabían muy bien los nativos, con su famoso soberano Moctezuma a la cabeza.

Según la religión azteca, Quetzalcoalt era un dios destronado, enviado al exilio más allá del océano del que volvería un día para destruir el imperio de los hombres y sus dioses. Los hombres blancos, provistos de armaduras y llegados del mar en grandes barcos, con armas nunca vistas hasta entonces y ayudados por animales misteriosos (los caballos), fueron considerados por los aztecas un ejército de Quetzalcoalt enfurecido. De modo que cualquier defensa era vana, pues su destino ya estaba marcado por un inamovible designio divino. De ahí que el sofis-

Los conquistadores de Cortés en el asalto a la gran pirámide de Tenochtitlán

ticado aparato de guerra azteca, ya potencialmente reducido por la certeza de ser víctima del ataque de una divinidad airada, no pudiera hacer frente a la potencia de las armas de fuego de los conquistadores y fuera desbaratado rápidamente.

La guerra, que las gentes de Moctezuma consideraban parte de un complejo ritual, se transformó en una carnicería y los hombres de Cortés conquistaron el templo de Tenochtitlán sin dificultad: un gesto simbólico que para los aztecas suponía la derrota a la que debía seguir una negociación en la que los vencedores dictarían las condiciones. Y así fue.

Tenochtitlán se convirtió en el estandarte de la conquista europea y el epígrafe de una gran civilización que creyó ser víctima de la furia destructiva de Quetzalcoalt, que regresaba de un país desconocido allende los mares.

ASÍ HABLÓ MOCTEZUMA

«Moctezuma habló y me dijo: "Por la tradición escrita de nuestra gente, transmitida por los antepasados, sabemos que ninguno de los habitantes de esta tierra, ni siquiera yo, somos originarios de ella, sino extranjeros, llegados aquí desde regiones más lejanas; sabemos también que nuestra estirpe fue guiada por un señor del que todos éramos vasallos, el cual volvió al lugar de donde había venido. Mucho tiempo después reapareció; quiso llevarse a los hombres [...]. Ellos no quisieron seguirle y tampoco acogerlo como señor. Por eso se fue para siempre"» (Hernán Cortés, La conquista de México).

57

TEOTIHUACÁN

Noble azteca en un grabado del siglo XVI

Entre las Pirámides del Sol y la Luna

En cuanto los arqueólogos descubrieron Teotihuacán les atormentó una pregunta fundamental: ¿cuál era el papel de las Pirámides del Sol y la Luna levantadas aquí al menos mil años antes del gran imperio azteca? Una curiosidad que, pese al avance en los descubrimientos y las averiguaciones, no se ha satisfecho todavía.

Teotihuacán se encuentra bastante cerca de la Ciudad de México, a más de 2.000 metros de altitud, prácticamente equidistante del golfo de México y el océano Pacífico. Cubre un área de unos 24.000 kilómetros cuadrados y está dominada por la imponente estructura de la Pirámide del Sol, que con sus más

de 200 metros de lado y una altura de 70 es una de las más fascinantes construcciones de la América precolombina. Le va a la zaga la Pirámide de la Luna, de unos 150 metros de lado, construida en el siglo II d. de C., cien años después de la del Sol.

Para realizar estos edificios se necesitaron unos tres mil hombres. Se trató, por tanto, de una empresa hercúlea, que implicó a la comunidad durante al menos treinta años y que presenta muchas analogías, incluso sociológicamente hablando, con las grandes pirámides de Gizeh en Egipto.

Primer centro urbano del hemisferio occidental y la mayor metrópolis americana antes del nacimiento del imperio azteca, Teotihuacán vio la luz cuando la era cristiana estaba en sus albores, y durante siete siglos representó un punto de referencia esencial en la cultura precolombina. Alcanzó su punto álgido en el 500 d. de C., con cerca de doscientos mil habitantes que convirtieron a esta ciudad en un centro de alta densidad. Además, esta ciudad mexicana mantuvo su esplendor durante más tiempo del que fue capaz la Roma imperial y en condiciones ambientales sin duda menos favorables que las itálicas.

Misteriosos subterráneos y una Calzada de los Muertos

Hace unos treinta años los arqueólogos que estudian la gran Pirámide del Sol descubrieron que, unos seis metros por debajo de esta futurista estructura construida con más de dos millones y medio de toneladas de bloques, había una caverna cuya

✤ ANTES DE LAS GRANDES CIVILIZACIONES

Aunque mayas, aztecas e incas son las poblaciones más conocidas por el gran público, auténticos emblemas del alto grado de civilización alcanzado por las gentes establecidas en la América precolombina del centro-sur, hay que señalar que los arqueólogos cada día descubren vestigios de culturas previas a la consolidación de estas grandes civilizaciones, a menudo desaparecidas sin dejar rastro. Es el caso de los chimú, hábiles orfebres y grandes urbanistas que tuvieron su capital en Chanchán (Perú) y los moche (300-800 d. de C.) que, en opinión de numerosos expertos, estaban quizá más avanzados que los propios incas, como demuestran los tesoros encontrados en la periferia de Trujillo, en el norte de Perú. Los moche, hábiles agricultores, practicaban habitualmente los sacrificios humanos, como lo ponen de manifiesto numerosas pinturas murales descubiertas en Trujillo, en las que aparece la figura de Ai-Apaec (que significa «el estrangulador»), divinidad sanguinaria representada como un gigantesco guerrero y siempre presente en las imágenes de sacrificios. Un dato curioso aparece a raíz de los recientes descubrimientos de los arqueólogos al cargo de las excavaciones de la ciudad de Trujillo. En numerosas tumbas se han encontrado restos de guerreros que superaban el metro ochenta, altura muy superior a la media local. Su identidad no queda clara. Lo cierto es que se trataba de personajes de alto rango, puesto que junto a sus tumbas se encontró una fosa común con los restos de setenta víctimas de un sacrificio.

58

La pirámide del Sol en Teotihuacán.
(Dibujo de Michela Ameli)

Un final oscuro

Si los orígenes de Teotihuacán constituyen un misterio, al igual que la función del gran conjunto monumental, también su final es un enigma. Efectivamente, la ciudad, que fue un centro comercial muy importante especialmente por el trabajo de la obsidiana, inició lentamente su decadencia hacia el 500 d. de C., es decir, medio milenio después de su nacimiento. En poco más de doscientos años la gran «metrópolis de los dioses» había desaparecido definitivamente. La ciudad sagrada, donde la serpiente emplumada había saciado su sed de sangre humana, se convirtió en terreno fértil para las leyendas y los sueños de los occidentales, que probablemente pensaban que en ese lugar se escondía el mítico El Dorado. Es posible que entre las diversas clases sociales de Teotihuacán estallaran violentos enfrentamientos a los que se habrían añadido continuos cambios climáticos. Sin embargo, en la actualidad, la hipótesis de las luchas internas parece la más acreditada, como atestiguaría la gran cantidad de restos carbonizados hallados en la ciudad. Se trata de un misterio más en torno a la ciudad sagrada de Quetzalcoalt.

función sigue siendo un misterio. Puede ser que esta cavidad fuera una especie de lugar de culto, utilizado ya antes de la construcción del gran monumento. En su interior, según la tradición, el sol y la luna se originaron antes de subir al cielo.

La cavidad subterránea mide más de 100 metros y llega al corazón de la pirámide, una especie de *sancta sanctorum* donde, de nuevo según la tradición, se creó el universo. En este sentido no parece casual, por tanto, que la Pirámide del Sol presente un eje orientado en dirección este-oeste, es decir, en sentido del paso del sol por el cielo. Así que es posible que la gran construcción constituyera una representación del centro del mundo, auténtico punto focal del conjunto urbano y también de la mitología sobre la creación.

La Pirámide de la Luna, sin embargo, es uno de los extremos de la llamada Calzada de los Muertos, de más de 3 kilómetros, y a su lado se encuentran algunas plataformas, una especie de pequeñas pirámides recortadas que se han relacionado con prácticas funerarias. De hecho, se cree que en estas edificaciones los habitantes de Teotihuacán quemaban a los difuntos. En numerosos edificios se encuentra además la

imagen de Quetzalcoalt, la serpiente emplumada divina a la que se ofrecían a menudo sacrificios humanos. En la Pirámide de la Serpiente emplumada se han encontrado numerosos esqueletos vestidos del mismo modo que, en opinión de una parte de los arqueólogos, podrían haber sido sacrificados al gran dios. Tal vez su muerte formaba parte del ritual previsto para la consagración de una pirámide.

✵ EL DIVINO QUETZALCOALT

Quetzalcoalt es una de las divinidades más fascinantes de la cultura precolombina, caracterizado como una serpiente emplumada (con las espléndidas plumas verdiazules del pájaro quetzal, Pharomachrus mocino), y envuelto generalmente en llamas. A finales del siglo XV, cuando los conquistadores españoles llegaron a México con sus caballos (animales que entonces no existían en el continente americano), los nativos vieron en los hombres blancos a los descendientes de Quetzalcoalt y no les opusieron demasiada resistencia.

Quetzalcoalt en una de sus múltiples representaciones

TIKAL

El esplendor de los mayas

Los territorios de los mayas se extendían desde la costa del Yucatán hasta la de Guatemala, y de Tabasco a Honduras; un área muy amplia en la que se consolidó una de las civilizaciones más fascinantes y avanzadas de la América precolombina. Tikal, la ciudad maya más antigua y, por muchos motivos, más enigmática, se encuentra a medio camino entre el Yucatán y el océano Pacífico, en el centro de la región de esa gran población que alcanzó un elevado grado de civilización.

Antes de los mayas, en donde hoy aparece el conjunto de Tikal, se había asentado una población que vivía en pequeñas chozas, conocía la terracota, construía utensilios en piedra y trabajaba también la obsidiana procedente de otras áreas. Después de varios siglos fundamentalmente tranquilos, en el siglo II d. de C., por alguna razón desconocida, la zona comenzó a transformarse y se convirtió en un

Restos de un altar maya en Tikal

centro religioso con grandes pirámides destinadas al culto. Un cambio repentino que debe relacionarse con la consolidación de la cultura de los mayas, que hicieron de Tikal un centro religioso que no tenía nada que envidiar a otras localidades más conocidas como Palenque, Piedras Negras, Yaxchilán, Uaxactún o Yaxhá.

La ciudad muerta

La más alta de las pirámides de Tikal, que alcanza los 75 metros, estaba rodeada por una serie de construcciones análogas pero de menor tamaño. Pese a ello, el conjunto ofrecía una imagen grandiosa, organizada según un intrincado modelo arquitectónico y urbanístico. La parte noble estaba constituida por la Acrópolis del Norte y la Gran Plaza, proyectadas antes del 250 d. de C., e incluía también un templo dedicado al dios Jaguar.

En la Gran Plaza se encuentra la llamada Pirámide del Mundo Perdido, una construcción radial de origen arcaico caracterizada por unas máscaras antiguas gigantescas.

En los edificios de la acrópolis se enterraba a los reyes de Tikal. Gracias a un profundo y detallado análisis de la gran cantidad de material arqueológico recogido, los estudiosos han descubierto también los nombres de algunos soberanos de Tikal. Entre los más significativos destacamos Garra de Jaguar, Nariz Rizada y Cielo Tormentoso. Algunos de ellos pertenecían a dinastías que gobernaron durante mucho tiempo proporcionando, según parece, una enorme prosperidad a esta misteriosa ciudad que comenzó lentamente a declinar a partir de principios del

Pirámide maya escalonada. (Dibujo de Michela Ameli)

60

Restos de una pirámide de Tikal rodeados por la jungla. (Fotografía de W. Louvet / Diaporama)

siglo IX. Del mismo modo que surgió de la nada, transformando las chozas de simples campesinos en una ciudad sagrada de extraordinarias dimensiones, Tikal sufrió posteriormente la más absoluta desolación. Muchas de las construcciones se fueron cayendo a trozos y la imagen que hoy se presenta ante los ojos del observador es la de una ciudad muerta habitada por fantasmas.

⊗ LA TIERRA DE LAS SERPIENTES

En la selva pluvial, cerca de Tikal, se ha encontrado uno de los palacios mayas más grandes perfectamente conservado: su nombre local es Cancuén, que significa «tierra de serpientes». Los arqueólogos han descubierto 170 cámaras, colocadas alrededor de patios, que convierten a este complejo en una vasta y organizada estructura dedicada sin duda a importantes funciones. Basta con pensar que el conjunto es tan grande como la Acrópolis de Tikal.

Se trata de un asentamiento que no presenta ningún elemento defensivo, colocado en una zona de Guatemala sin otros templos mayas en las cercanías. La función de Cancuén sigue siendo un misterio que la selva ha ocultado durante mucho tiempo (creando un manto tan denso e impenetrable que sólo dos semanas de continuos trabajos permitieron «desenmarañarlo») y que hoy reaparece con sus enigmas todavía sin resolver.

61

ASIA

1. Babel
2. Borobudur
3. Chang'an
4. Tai Shan
5. Nara
6. Yanaguni
7. Éfeso
8. Jerusalén
9. Harappa
10. Mohenjo-Daro
11. Himalaya
12. Pataliputra
13. Anuradhapura
14. Sigiriya
15. Monte Ararat
16. Pagán
17. Palmira
18. Petra
19. Qumram
20. Takht-e-Suleiman

BABEL

La Torre de Babel o la soberbia humana

Babel se ha convertido en el símbolo de la confusión porque, según el Génesis, la soberbia humana, que ya se había manifestado durante la construcción del enorme edificio, fue castigada por Dios con la dispersión de los hombres, obligados a hablar lenguas diversas en lugar de la única de Adán.

Aunque la tradición bíblica ha colocado la figura de la Torre de Babel en un espacio que no permite discernir con claridad los aspectos históricos del hecho, hay que decir que en la literatura cuneiforme de Me-

sopotamia no faltan referencias concretas que confirman el importante papel simbólico desarrollado por los zigurat, es decir, las grandes torres de varios pisos escalonados.

En un antiguo texto, el rey Nabopolasar mandó escribir estas palabras de recuerdo imperecedero: «Marduk, el señor, me ha ordenado asegurar las bases de la Torre de Babel, que antes de mi época había tenido un mal fin y estaba en ruinas, en el mundo subterráneo y hacer de modo que su cúspide llegue hasta el cielo. Mandé fabricar ladrillos cocidos. Como si se tratara de lluvias del cielo que son sin medida o torrenciales, ordené llevar a través del ca-

nal de Arahtu ríos de betún. Tomé una caña y medí las dimensiones que debían darse a la torre [...]. Coloqué bajo los ladrillos oro, plata y piedras preciosas de la montaña y el mar. Ordené realizar mi retrato real y lo coloqué en la base».

La puerta del cielo

Nunca sabremos si la torre colocada en el centro de las murallas de Babilonia y descrita por Herodoto era efectivamente la mítica Torre de Babel. El historiador griego advierte que esta construcción era «larga como un estadio y con la misma anchura» y que por encima de ella se alzaban otras ocho torres. A ellas se accedía por una larga escalera con asientos en la mitad para descansar durante el ascenso que debía de ser bastante agotador.

El nombre de la Torre de Babel derivaría de la lengua acadia y su significado sería «puerta del cielo»; sin embargo, no debe ignorarse que en hebreo *bâbel* significa «confundir». En opinión de numerosos estudiosos se levantaría en la llanura de Senaar, donde también la sitúa la Biblia. Se considera que Nemrod el cazador, que reinó en varias ciudades, entre ellas Babilonia, fue su proyectista y autor.

Su construcción se remontaría a 115 años después del Diluvio Universal. Tendría unos 90 metros de alta, aunque según la leyenda mediría unos «cinco millares y medio de altura y diez de circunferencia, y se habrían contado cien verjas de latón y cuatrocientos ochenta pisos».

La Torre de Babel en un antiguo relieve mesopotámico. (Dibujo de Michela Ameli)

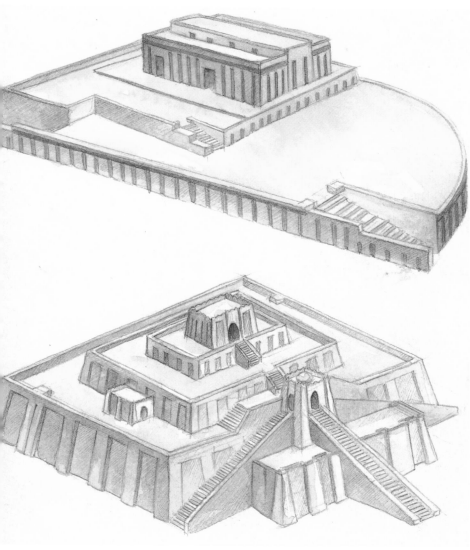

Los numerosos zigurats del área de Aqarquf, no muy lejos de Bagdad, de Birs Nimrud y Kish, en Iraq, ayudan a sustentar la leyenda de la Torre de Babel. El zigurat es el templo sumerio por excelencia y se cree que simbolizaba la montaña, residencia de los dioses. Se construía con ladrillos de barro y se revestía con ladrillos cocidos, y contaba con escaleras que permitían el acceso al templo colocado en la parte más alta.

Los zigurats de Ur y Aqarquf nos permiten todavía imaginar el efecto, aunque muy reducido, que debía de provocar la Torre de Babel. El primero se encuentra en el sur de Iraq y fue mandado construir en el 2100 a. de C. —con los cuatro lados orientados a los puntos cardinales— por el rey sumerio Ur-Nammu, que lo dedicó al dios de la Luna, Nanna; el de Aqarquf tiene unos 60 metros de altura y fue construido en el siglo XV a. de C. por el rey Kurigalzu.

La fascinación que ejercen estas construcciones es secundaria si se compara con el misterioso mensaje que sigue inquietando al observador, sin duda influido por las palabras del Génesis, que ha convertido la Torre de Babel en el símbolo de la soberbia humana deseosa de igualar y superar el poder divino.

Los zigurats de Mesopotamia podrían ser el origen de la tradición de la Torre de Babel.
(Dibujo de Michela Ameli)

✺ LA TORRE DE LA CONFUSIÓN

«Toda la Tierra hablaba un solo lenguaje. Y sucedió que, al desplazarse la humanidad desde Oriente, hallaron una llanura en el país de Senaar y allí se establecieron.

»Entonces se dijeron el uno al otro: "Vamos a fabricar ladrillos y a cocerlos al fuego". Así el ladrillo les servía de piedra y el betún de argamasa.

»Después dijeron: "Vamos a edificarnos una ciudad con una torre con la cúspide en el cielo, y pongámonos un nombre, por si nos dispersamos por toda la faz de la Tierra".

»Pero Yahvé bajó a ver la ciudad con la torre que estaban edificando los hijos del hombre.

»Y Yahvé dijo: "Todos son un pueblo con un mismo lenguaje [...]. Bajemos y una vez allí confundamos su lenguaje, de modo que no se entiendan entre sí".

Yahvé los dispersó por toda la faz de la Tierra y dejaron de edificar la ciudad. Por eso se la llamó Babel, porque allí embrolló Yahvé el lenguaje de todo el mundo y desde allí los desperdigó Yahvé por toda la faz de la Tierra» (Génesis 11, 1-9).

BOROBUDUR

Un recorrido iniciático

El gran templo de Borobudur consagrado a Buda, en la isla de Java, no es sólo una meta para los peregrinos, sino sobre todo un conjunto simbólico donde los significados esotéricos del *mandala* (término sánscrito que significa «círculo místico» y que se refiere a un dibujo simbólico que representa las fuerzas del universo) y los de la montaña se funden indisolublemente. En la parte más alta hay una gran stupa —túmulo colocado sobre las cenizas de un monje importante— rodeada por tres terrazas circulares sobre las que hay otras stupas de menor tamaño y que están coronadas por seis terrazas cuadradas ricamente decoradas con templetes. El complejo, perteneciente al siglo VIII, es una especie de recorrido iniciático a través del cual se alcanza el *nirvana* —la anulación de cualquier deseo, es decir, la supresión de las causas que provocan el dolor—

Dos vistas del templo de Borobudur. (Fotografía de Carlo Ruo Redda)

representado por la stupa central. Según la tradición oriental, en los tiempos de la creación del mundo emergió en el centro del océano cósmico el monte Meru (que constituye el eje del universo; si se compara con el cuerpo humano, el monte sería la columna vertebral), similar a una pirámide de cuatro caras: cada lado de la montaña estaba formado por los materiales más preciosos procedentes de la solidificación de la roca. La parte oriental del monte estaba constituida por cristales de roca, la parte sur estaba totalmente cubierta de lapislázuli azul, la parte oeste estaba formada por rojos rubíes y la parte dirigida al norte era de oro puro. El Meru, en cuya cima se encontraba el palacio de Indra y unos magníficos jardines donde estaba el gran árbol de los deseos, estaba

LA CIUDAD-MONTAÑA DE ANGKOR Y LAS MANOS DE BUDA

No conocemos el aspecto original de la ciudad de Angkor, cerca del Gran Lago en Camboya, pero las impresionantes escenas grabadas en la piedra cuando se reconstruyó, a finales del siglo XII, nos permiten adivinar un mundo donde la vida militar y religiosa ocupaba un lugar preeminente.

Muy impactantes son las representaciones de Buda, que aparece en posiciones dinámicas de una enorme gestualidad. Además, en sus representaciones los gestos —en especial el uso de las manos en una especie de código visual— ocupan un papel importante. La mano abierta hacia arriba es el llamado «gesto de ánimo», que indica al fiel que se acerque al Buda, mientras que si los dedos de la mano abierta tocan la tierra indican un dogma de fe. De nuevo la mano abierta, pero suspendida, es señal de la disponibilidad de los dioses para satisfacer los deseos de los humanos, mientras que la mano alejada del cuerpo, con el pulgar hacia dentro de la palma, es el «gesto del asceta» y señala la disposición para alejarse de cualquier placer terrenal. El índice apuntando es siempre un gesto de amenaza y, en general, se dirige a criaturas demoniacas. Y los dedos haciendo los cuernos son un gesto simbólico y exorcizante contra los demonios, mientras que las dos manos superpuestas y cerradas sobre el regazo forman el signo de la meditación que acompaña a las representaciones de algunas divinidades benévolas. El pulgar y el índice unidos forman la «rueda de la doctrina» —el pulgar y el índice de la mano derecha con el dedo corazón de la izquierda colocado en medio como si la atravesara—, pero el dedo índice de la mano derecha dentro de la izquierda cerrada representa simbólicamente el gesto de iluminación, que se convierte en «suma iluminación» cuando los dedos de las manos están entrelazados y los índices extendidos paralelos hacia arriba. Por último, las manos unidas delante del pecho son un gesto de saludo o de veneración. Además, los significados se amplían cuando se agarran con las manos objetos rituales u otros símbolos que tienen la misión natural de aumentar la importante función dialéctica del gesto, auténtico lenguaje cargado de extraordinarias posibilidades comunicativas.

Vista general de Angkor. (Fotografía de R. Mattes / Diaporama)

rodeado por siete anillos concéntricos de montañas de oro, cada una separada por un mar interior compuesto por agua de lluvia. Alrededor de estos siete anillos de montañas había un vasto océano circular a su vez rodeado por un anillo de montañas de hierro. Fuera de esta gran masa de agua salada, había cuatro continentes en las cuatro direcciones. La forma de este monte, rodeado de un anillo de montañas, ha constituido el modelo para la construcción de las antiguas ciudades sagradas de Asia, que tenían en el centro una ciudadela colocada en la cima de una colina y rodeada de murallas defensivas.

La vía del *bodhisatwa*

El acceso al templo de Borobudur permite también convertirse en *bodhisatwa*, término sánscrito que significa «naturaleza de Buda» y con el que se designa al destinado a alcanzar la iluminación interior y a convertirse en un Buda, un iluminado, obteniendo así el conocimiento necesario para ayudar a los demás a liberarse del dolor. El concepto y el aparato simbólico del *bodhisatwa* fueron elaborados en el siglo I d. de C. y prevén un ascenso organizado en varias fases. Poco a poco el iniciado se eleva adquiriendo cada vez una nueva virtud, hasta alcanzar el máximo nivel del crecimiento interior y convertirse en un *bodhisatwa* trascendente o *mahasatwa*, considerado el paradigma de la perfección, un «gran ser» que ha sabido combatir la codicia, el odio y la ignorancia humana y que, pese a ello, sabe que debe rechazar la desaparición definitiva porque sabe que su permanencia en la Tierra podrá servir de ayuda a muchos hombres. En ciertos aspectos recuerda la imagen del santo cristiano, pues el *bodhisatwa* sabe que debe actuar en la Tierra, entre las cosas materiales, para conseguir que los hombres puedan ser conducidos hacia la perfección y la afirmación de la espiritualidad. Siempre en esta línea, este singular personaje es capaz de actuar sobre el karma negativo de los hombres, liberarlos del peso del mal interior y facilitarles su crecimiento espiritual. A través de los poderes que les confiere este estado, los *bodhisatwa* pueden asumir formas muy diferentes, aparecer simultáneamente en varios sitios y llegar en poco tiempo a lugares lejanos. Estos dones se muestran en la iconografía del Himalaya con una corona de cinco puntas en la cabeza, signo que caracteriza a los que ya no están sujetos a las reglas físicas de este mundo. Otras veces, los *bodhisatwa* aparecen con varias cabezas y brazos.

CHINA Y JAPÓN

El silencio de Chang'an

Chang'an, situada en el valle del río Wei, en la zona centro-oriental de China, fue una de las tres ciudades más importantes del mundo y alcanzó su apogeo entre los siglos VII y IX d. de C. Durante tres siglos la ciudad se convirtió en el emblema de la paz y la prosperidad, un auténtico modelo para Oriente que, sin embargo, ha permanecido vivo sólo en la memoria y en escasos testimonios arqueológicos. De hecho, en el año 904 la ciudad fue asaltada por un usurpador, Zhu Quanzhong, que destruyó sus palacios y dispersó a la población. Durante varios siglos Chang'an languideció entre las ruinas y los ecos de su glorioso pasado perdido. Hubo que esperar hasta la consolidación de la dinastía Ming para ver renacer esta ciudad que, desde un cierto punto de vista, representaba un modelo urbanístico y administrativo de extraordinario nivel.

A partir de la segunda mitad del siglo XIV hasta mediados del XVII la ciudad adquirió una nueva fisonomía con características que tienen aún algo de misterioso para el observador occidental. Ejemplo de ello es la planta urbana que reproducía a escala las dimensiones del planeta Tierra que, en ese periodo, se consideraba cuadrado y por tanto fácil de representar. Todo el conjunto estaba defendido por unas poderosas murallas de tierra batida, en algunas partes de un kilómetro y medio de ancho, con una altura que en algunos puntos alcanzaba los 18 metros.

Al ver las reconstrucciones de Chang'an no se logra reprimir el asombro ante el alto nivel alcanzado por los urbanistas, que realizaron

Buda de la era Wei del Norte (386-534). (Fotografía de Lionel Dumarcet)

una ciudad caracterizada por una estructura muy compleja y, al mismo tiempo, simbólica, hasta el punto de dejar perplejos incluso a los proyectistas contemporáneos. Una de las joyas del complejo era el palacio imperial, formado por la unión de una treintena de edificios que tenían en el Hanyuandian, la sala del trono, el centro sagrado. En este espacio se celebraban las ceremonias religiosas, cuya culminación se producía en el solsticio de invierno, momento mágico en que el universo saludaba al emperador.

Una metrópolis «deportiva»

Entre los muchos atractivos que Chang'an ofrecía a sus habitantes estaba la pelea de gallos —el más antiguo testimonio histórico de esta violenta práctica, difundida en muchos países—, ya que esta ciudad era una especie de centro oficial hacia el que se dirigían apasionados y apostadores. El origen de la pelea de gallos se remonta al siglo V a. de C. y lo certifican también los numerosos lugares donde se adiestraba a estos animales. Parece que el emperador poseía miles de gallos, confiados a quinientos guardianes y adiestradores.

Los arqueólogos han descubierto además que en esta ciudad estaba también muy extendido otro deporte practicado hoy en zonas geográficas muy distantes: el polo. Los expertos sostienen que este juego, originario de Persia, llegó a China a través de vías difíciles de reconstruir. Lo cierto es que en Chang'an el polo fue una especie de deporte popular, con equipos e hinchadas.

Sin duda, pensar en esa gran metrópolis de la Antigüedad, rica y avanzada, con palacios y todo tipo de diversiones de las que nos quedan pocas pruebas, obliga a reflexionar sobre la caducidad de las cosas terrenas. Las inmensas murallas de tierra batida y los grandes palacios se han perdido, derrotados por el tiempo. Como la presunción humana.

Tai Shan, la montaña de los dioses

Tai Shan es, sin duda, uno de los lugares más fascinantes y misteriosos de la Tierra, un punto en el que lo

LOS MISTERIOSOS HABITANTES DE LOS AGUJEROS

Cuando los arqueólogos empezaron a excavar los restos de Anyang, la gran ciudad china que alcanzó su máxima extensión hace tres mil años, se encontraron ante la insólita presencia de unos grandes agujeros. A primera vista se pensó en emplazamientos utilizados con fines funerarios, pero un estudio más profundo demostró que los numerosos agujeros de toda la ciudad eran habitaciones para la población autóctona, casas hipogeas de diversas formas, con una profundidad de unos 3-4 metros, en cuyo interior había siempre un pozo dentro del cual se almacenaban las reservas alimentarias.

De este lugar provienen miles de fragmentos de huesos con incisiones de signos e inscripciones cuyo significado todavía no se ha descubierto. Se cree que podría tratarse de objetos utilizados con fines adivinatorios, tal vez para una práctica cuyos únicos depositarios fueran precisamente los misteriosos habitantes de los agujeros de Anyang.

Formaciones en zigzag con ladrillos de arcilla en Anyang. (Fotografía de Lowell Georgia / Corbis)

Antiguos motivos decorativos chinos

sagrado y la historia se dan la mano y conforman una escenografía única en el mundo.

Esta elevación, colocada como una escultura mágica al abrigo de la llanura del Río Amarillo, cerca de Chinan, en China, desempeñó un papel fundamental en la tradición china. En los albores de la civilización se consideraba, de hecho, una especie de diafragma entre el mundo de los hombres y el de los dioses. Subir al Tai Shan permitía, por tanto, conocer el estado de ánimo de los habitantes del cielo y, sobre todo, demostrar la fe y la veneración a la divinidad.

Todavía hoy los fieles siguen subiendo al monte por el antiguo itinerario que horada la montaña con miles de escalones y que requiere un esfuerzo importante. Unas seis o siete horas de subida, a menudo de noche para poder alcanzar la cima antes del alba. La historia de la cultura china nos cuenta que también los empe-

radores subieron a Tai Shan. La primera ascensión imperial fue en el siglo III a. de C. y desde entonces la tradición no se ha interrumpido nunca.

El recorrido que conduce a la cima está jalonado por una enorme serie de templos, estatuas y capillas que armonizan bien con el entorno natural donde lo sagrado puede percibirse también en las piedras, en las aguas que corren por el valle y en los árboles. Al alcanzar la cima los fieles practican toda una serie de rituales que tienen como objetivo demostrar a los dioses su fe y aplacar las iras de las divinidades infernales.

El feng-shui o cómo vivir en armonía

La religión más difundida entre los fieles que suben a la montaña sagrada es el taoísmo, y Tai Shan es una especie de inmenso altar natural.

Los filósofos y místicos taoístas sostienen que la elección de un lugar de culto, pero también del emplazamiento de la propia casa, nunca es casual, sino el resultado de una atenta valoración de las líneas de fuerza que atraviesan la Tierra, donde lo positivo y lo negativo, el bien y el mal se encuentran.

Por tanto, para establecer dónde y cómo realizar un edificio, los taoístas se sirven del feng-shui, un antiguo arte chino que enseña a disponer los muebles, orientar las camas, utilizar espejos, objetos, colores, plantas, perfumes, luces y sonidos para convertir las habitaciones en lugares de serenidad, reposo y, sobre todo, armonía.

Desde tiempos inmemoriales, el hombre ha tratado de orientar los edificios según criterios especiales, siguiendo invisibles campos energéticos o antiguas tradiciones, cuyo significado profundo se ha perdido. El principio fundador del feng-shui afir-

El monte Tai Shan en la región del Chadong. (Fotografía de O. Gabersek / Diaporama)

ma que mente, cuerpo y espíritu son una misma cosa y están estrechamente relacionados con el entorno. Cómo y dónde vivamos influye en nuestro bienestar, y para estar serenos nuestra casa debe ser un refugio para nosotros, una especie de concha donde esconderse y recuperar las fuerzas, un nido en el que guardar los afectos, los objetos queridos, los recuerdos.

Según numerosos estudiosos de este antiguo arte de orientar los edificios, las sencillas reglas del fengshui no se han aplicado sólo en China. Al contrario, en todas las culturas prehistóricas, el hombre ha seguido las reglas de la naturaleza, que lamentablemente los occidentales hemos olvidado en gran medida. De hecho, parece que los antiguos moradores de Europa, y los celtas en particular, eran expertos en los flujos energéticos de la naturaleza y practicaban la geomancia —posteriormente demonizada por el naciente cristianismo—, un método de adivinación inspirado en las señales naturales o artificiales del terreno.

Nara, a la búsqueda de la iluminación

La ciudad de Nara, construida en el 710 d. de C. en Japón, fue originariamente morada del emperador y eje principal de muchas de las actividades comerciales y administrativas del Japón del siglo VIII. Esta localidad está marcada por una historia en la que el mito logra siempre «brotar» en uno u otro sitio.

El misterioso templo de *horyuji*, por ejemplo, constituye la construcción más antigua de madera que ha conseguido superar el paso de los siglos llegando íntegra hasta nuestros días. Y además, está la inmensa estructura del *todaiji*, donde se conservaba una gran estatua de bronce de Buda a la que se consagraba una gran cantidad de dones. Según la tradición, este lugar era un centro donde confluían energías positivas con el fin de favorecer la iluminación interior y la adquisición del conocimiento necesario para ayudar a los demás a liberarse del dolor.

La enigmática pirámide de Yonaguni

En las aguas del sur de la isla japonesa de Yonaguni se ha localizado una construcción submarina de cerca de 30 metros de alto, 200 de largo y 150 de ancho.

Su forma recuerda a la de un templo escalonado y, si se demuestra que se trata de una estructura de origen humano, los arqueólogos se verían en la difícil tarea de descubrir la misteriosa cultura que la realizó, se dice, hace más de dieciséis mil años.

Tumba de Shan y colina de los mil Budas en Tai Shan. (Fotografía de Archivo iconográfico, S.A. / Corbis)

ÉFESO

Entre Artemisa y María

«El templo de Artemisa en Éfeso es la única casa de los dioses. Aquel que lo mire estará seguro de que ha sucedido un cambio de lugar, de que el mundo celestial de la inmortalidad se ha trasladado a la Tierra, pues los Gigantes y los hijos de Aloeo que trataron de subir a los cielos dieron un salto desde las montañas y construyeron no un templo, sino el Olimpo». Con estas palabras, Filón ofrece una imagen muy vívida del templo de Artemisa en Éfeso, Turquía, considerado una de las siete maravillas del mundo. En la actualidad sólo quedan algunos restos de esta obra maestra, así como de otros extraordinarios palacios, arrebatados a la furia del tiempo, que indujeron a los hombres a creer que los dioses habían trasladado a la Tierra una parte del Olimpo.

El culto a Artemisa, auténtica señora del lugar, no sólo fue perdiendo vitalidad y fuerza por la decadencia, sino que su imagen se fue ensombreciendo paulatinamente por otra gran figura femenina de la historia de las religiones: la Virgen María. Fue precisamente en esa gran ciudad, capital de cultos milenarios sustituidos gradualmente por el cristianismo, donde la Virgen pasó sus últimos años tras la muerte de Jesús. Cuentan las memorias hagiográficas que vivió algo apartada de la caótica «metrópolis» religiosa y cultural del Egeo, encerrada en el recuerdo y la meditación en el interior de una pobre casa en el pueblo destinada a transformarse en uno de

Restos del templo de Artemisa en Éfeso.
(Fotografía de G. Guittot / Diaporama)

los lugares más importantes de la cristiandad y meta de peregrinaciones internacionales.

Tratemos de rememorar la fascinante historia de la estancia de la Virgen en Éfeso. Eusebio de Cesárea nos informa de que entre el 37 y el 42, Juan, el apóstol más amado, llegó con la Virgen a Éfeso, donde escribió su Evangelio hasta su muerte (aunque la tradición popular lo quería inmortal); fue enterrado cerca de la ciudad y sobre su tumba se levantó enseguida una capilla (en el

siglo IV, cuando ya la comunidad cristiana de Éfeso había alcanzado cierta solidez; sobre el sepulcro se construyó después una gran basílica que los arqueólogos van sacando poco a poco al descubierto).

El evangelista y la Virgen vivieron durante un tiempo en una casa situada bajo los restos de la llamada «iglesia de la Virgen», o «iglesia del Concilio» (luego Juan prepararía otra casa para la Virgen en el monte Coresos). La iglesia, datada cronológicamente en el siglo II, tenía 260 metros de larga y 30 de ancha. En el siglo IV toda la construcción fue transformada en basílica con tres naves, ábsides y baptisterio, con transformaciones posteriores, en especial en época de Justiniano (527-565).

Panaya Kapuli: la otra casa de María

Bajo los cimientos de la basílica deberían ocultarse los restos de la antigua casa que pocos años después de la muerte de Cristo ofreció refugio al evangelista y a la Virgen. Pero mientras este edificio duerme el sueño de los siglos, la otra casa de la Virgen, en la que se alojó sólo los últimos años de vida —donde, en palabras de F. M. William, «el dolor consumía a María como a cualquier otro ser, y puesto que ella había sufrido un tormento físico y espiritual más intenso que ningún otro tormento humano, también las consecuencias deben haber asumido proporciones excepcionales»—, es bien visible.

Tras la muerte de María la casa quedó en ruinas. En la Edad Media, en respuesta a las insistentes peticiones del clero occidental y por preciso requerimiento del Concilio de Éfeso, creció el deseo de recuperar la casa de la Virgen; unos siglos más tarde, Clemente Brentano (1778-1842), en su libro *La vida de la Virgen María*, demostró con profundidad y datos objetivos la importancia de encontrar los restos de la casa, no sólo por una superficial voluntad fideísta, sino, sobre todo, para encuadrar históricamente los hechos narrados por la tradición y los historiadores que habían bebido de las fuentes orales transmitidas en el tiempo.

✸ LA ASUNCIÓN DE LA VIRGEN

No hay ninguna referencia a la muerte de María en las fuentes bíblicas y ni siquiera se poseen datos precisos sobre el lugar de su sepultura. A pesar de la falta de información estructural, no faltan las interpretaciones, condicionadas principalmente por las necesidades de la religión. Ya en los siglos III y IV cobraron importancia textos relativos a las circunstancias de la muerte de María; aun siendo apócrifos, fueron determinantes para formar la tradición de la Asunción, es decir, la subida al cielo de la Virgen.

La primera referencia concreta a la Asunción de María se encuentra en el texto anónimo Transitus Beatae Virginis, *escrito en siriaco y datado entre el siglo II y el IV. En el año 754 el emperador Constantino V promulgó el culto obligatorio a María negando el cielo a cualquiera que «no admitiera que la Santa y siempre Virgen María, la auténtica y propia Madre de Dios, es la más alta de todas las criaturas, visibles o invisibles, y no buscara con fe sincera su intercesión confiando sólo en su acceso a Dios».*

La Asunción pasó a ser dogma de fe en el año 1850, pues la falta de testimonios bíblicos objetivos que pudieran confirmar dicho credo hizo difícil tomar una decisión determinante. Fue indudablemente la opinión popular la que desembocó en el reconocimiento de la Asunción; de hecho, el documento pontificio al respecto fue redactado tras una petición que recogía más de ocho millones de firmas de católicos. Cuatro años después, María fue declarada oficialmente «Reina de los Cielos», apelativo ya muy difundido aunque la Iglesia todavía no lo reconociera.

Posteriormente resultó determinante la declaración de Catherine Emmerich (1774-1824), que en una de sus muchas visiones, a pesar de no haber salido nunca de Alemania, reveló la ubicación exacta de la casa de la Virgen. Las revelaciones de la mística alemana y el sustrato histórico recopilado con el tiempo empujaron a Eugene Paulin, de la Orden de los Lazaristas, y al director del colegio de Esmirna a apoyar la investigación. El encargo de estudiar la zona se confió a un equipo guiado por el padre Young. El grupo de arqueólogos identificó el lugar en la localidad de Panaya Kapuli y lo que más sorprendió a todos fue la exactitud de la descripción facilitada por Emmerich.

Naturalmente, la Iglesia se enfrentó con las debidas precauciones al reconocimiento del importante hallazgo y hasta 1892 el arzobispo de Esmirna no concedió la autorización para celebrar allí ceremonias religiosas. En 1961 el papa Juan XXIII reconoció Panaya Kapuli como «lugar de peregrinación» dejando constancia de su importancia religiosa.

Cerca de la casa, recientes investigaciones arqueológicas han descubierto tumbas tardo-antiguas que los informes de la excavación indican que están orientadas hacia la casa. Una señal que tiende a confirmar que en los tiempos de Constantino y Justiniano (probable datación cronológica de los sarcófagos, establecida por el hallazgo de monedas acuñadas por estos emperadores) gozaba tal vez de una cierta notoriedad y tenía una posición en el contexto cultural de la época.

Sobre los restos de la casa de la Virgen se construyó en los siglos VI-VII una iglesia, rehabilitada recientemente según el modelo arquitectónico original, es decir, con planta de cruz y cúpula.

En el hueco del ábside, donde se ha colocado una estatua de la Virgen del siglo XIX, estaba situada la antigua cocina, mientras que la otra parte del edificio se considera generalmente el dormitorio. Realmente la casa estaba compuesta de dos habitaciones, una

La estatua de la Virgen cerca de su casa

cisterna de agua colocada a unos 100 metros, un muro con arcadas y una escalera, separados del edificio y a los que los arqueólogos no han asignado todavía una función precisa. Es interesante señalar que durante las excavaciones se encontraron en la «cocina» señales de un hogar con restos de carbón y leña (como, por otra parte, había indicado Catherine Emmerich). Dos importantes documentos que, datados con el método del carbono radioactivo, han resultado ser del siglo I.

Dentro de la casa, en la parte oriental, hoy se encuentra también una hornacina orientada hacia la Meca. Los musulmanes consideran a la Virgen una santa y la veneran como tal.

Separando el aspecto eminentemente religioso del histórico, hay que señalar que la casa de la Virgen sigue siendo hoy un «problema» arqueológico abierto. Un complejo cúmulo de preguntas que no siempre logran encontrar una respuesta objetiva en los entresijos de la fe.

✠ LORETO: OTRA CASA...

Si hablamos de los lugares donde vivió la Virgen no podemos olvidar que hay otra casa muy conocida en la tradición religiosa cristiana: aquella donde la madre de Cristo nació y tuvo la aparición durante su estancia en Nazaret.

La pequeña casa (10 metros por 4 sin cimientos) se encuentra hoy en Loreto (provincia de Ancona, Italia), adonde la habrían llevado unos ángeles volando. Según la tradición, en 1291, cuando Palestina había caído en manos de los musulmanes, los ángeles levantaron la casa sin los cimientos y el 10 de mayo la trasladaron a un lugar más seguro. La elección recayó en una zona de la Dalmacia, entre Tersatto y Fiume, concretamente en Raunizza (la tradición no deja claros los motivos); posteriormente, la noche del 10 de noviembre de 1374, los mensajeros celestiales la llevaron a Recanati, a un bosque que pertenecía a una noble llamada Loreta (quizá este nombre es el origen etimológico de la Virgen de Loreto). El lugar, sin embargo, resultó poco seguro debido a los continuos robos que tenían lugar en la casa, y los ángeles la trasladaron primero a un cerro cercano que pertenecía a dos hermanos en continua disputa y después a Loreto.

El edificio, sin cimientos, tenía originariamente una única puerta en el lado más largo al norte, y en el lado opuesto se abría una pequeña ventana; en el interior, todavía hoy hay un pequeño altar con un crucifijo que se atribuye a San Lucas. La parte superior de la pared estaba pintada con frescos que representaban a la Virgen, Santa Caterina, San Jorge, San Antonio y San Luis, rey de Francia.

Con Clemente VII el edificio sufrió numerosas transformaciones. La puerta primitiva se cerró y, para favorecer el acceso a los fieles, se abrieron otras tres puertas; se retiró el altar y se colocó en otro lado, junto a la estatua de la Virgen.

En 1463 el cardenal Pietro Barbo, gravemente enfermo, hizo que lo llevaran a Loreto para pedir una gracia a la Virgen. María se apareció y no sólo le aseguró que sanaría, sino que le anunció que pronto subiría al trono de Pedro. La visión resultó exacta: el cardenal se curó y en 1464 se convirtió en el papa Pío II.

En 1468 se comenzó a construir la gran iglesia de tres naves que alberga, todavía hoy, la Santa Casa de Loreto.

Fachada principal del santuario de la Santa Casa de Loreto. (Fotografía de Oficina de Turismo italiano)

JERUSALÉN

A la búsqueda de la tumba de Cristo

Todavía hoy se señalan dos lugares en Jerusalén como posible tumba de Cristo: la basílica del Santo Sepulcro y la llamada Tumba del Jardín. La credibilidad del segundo emplazamiento aumentó gracias al general Charles Gordon, quien, en 1883, llegó a Jerusalén con una notable carrera militar a sus espaldas y campañas en varias partes del mundo. Cuando llegó a la ciudad sagrada se empeñó en buscar la verdadera tumba del Salvador y la encontró cerca del Gól-

gota, la colina donde fue crucificado. La tumba no era muy diferente de las que en los siglos I-II se encontraban en numerosas partes de la ciudad. Su interior fue modificado varias veces hasta el siglo VI, lo que hace que los elementos originarios determinantes para reconocer en esa edificación el lugar en el que José de Arimatea colocó el cuerpo de Cristo sean realmente muy escasos.

Sirviéndonos de las indicaciones de los Evangelios, podemos averiguar algo más. Del de Juan (Jn 19, 40-41): «Tomaron el cuerpo de Jesús y lo envolvieron en lienzos con

los aromas, conforme a la costumbre judía de sepultar. En el lugar donde había sido crucificado había un huerto, y en el huerto un sepulcro nuevo, en el que nadie todavía había sido depositado». Juan indica que el cuerpo de Cristo fue colocado por José de Arimatea y Nicodemo en una tumba nueva, dentro de la cual no se había colocado todavía ningún cadáver. Mateo no contradice a Juan, pero añade un dato importante relativo a las características de la tumba: «José tomó el cuerpo, lo envolvió en una sábana limpia y lo puso en su sepulcro, que había ex-

El Santo Sepulcro. (Fotografía de John Pole)

cavado hacía poco en la roca» (Mt 27, 59-60). Marcos y Lucas, en su texto, no suministran ningún dato sobre las características del sepulcro y se limitan a subrayar que «había sido tallado en la roca»; Lucas, en consonancia con Juan, añade «donde no se había colocado todavía a nadie» (Lc 23, 53; Mc 15, 46).

La basílica del Santo Sepulcro

Actualmente, una gran parte de los arqueólogos y los estudiosos de la Biblia están de acuerdo, sin embargo, en colocar la tumba de Cristo en la zona en que se levanta la basílica del Santo Sepulcro. Colocada en el barrio cristiano, la iglesia incluye las cinco últimas estaciones de la Vía Dolorosa, que parte de cerca de la presunta fortaleza de Herodes. La iglesia primitiva se remonta al 326,

año en que la reina Elena, madre del emperador Constantino, descubrió el lugar indicado en los Evangelios como el Gólgota; en el edificio se incluyó también la tumba de Cristo.

La historia de esta iglesia es muy agitada, tanto por las reformas que sufrió como por las destrucciones de que fue objeto durante los siglos de invasiones. Parece ya confirmada la existencia en la zona donde hoy se levanta la basílica —que se erige en un terreno originariamente utilizado como cantera y, por tanto, colocado fuera de las antiguas murallas de la ciudad— de un lugar destinado a la sepultura de los cadáveres. Dentro del complejo se encuentra la capilla que contiene la tumba de Cristo, destino para millones de cristianos que llegan de todas

partes del mundo. Como decíamos, este lugar ha sufrido importantes alteraciones. En el año 614 fue destruido por los persas, en 1009 los edificios reconstruidos fueron destruidos por el sultán Hakim y, por último, en 1149 los cruzados reconstruyeron la basílica que tiene una importancia capital para toda la cristiandad.

Excavaciones arqueológicas sistemáticas han sacado poco a poco a la luz las partes más antiguas de la construcción hasta alcanzar el nivel más bajo, constituido por la basílica constantiniana que se construyó sobre la que es considerada ya por todos la verdadera tumba de Cristo.

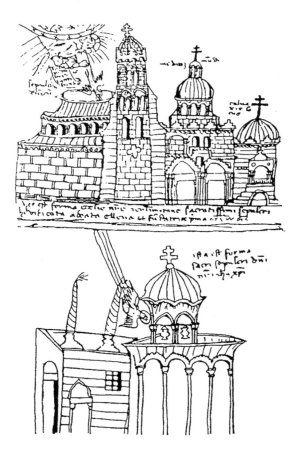

Algunas representaciones del Santo Sepulcro: sello de los canónigos del convento agustino del Santo Sepulcro (siglo XII), grabado del siglo XVI y dibujo de un peregrino del siglo XIV

77

HARAPPA Y MOHENJO-DARO

Dos ciudades perdidas en la nada

Harappa y Mohenjo-Daro siguen siendo un misterio para los arqueólogos. De hecho, muchas de sus características originales son completamente desconocidas. Las dos ciudades, que se encuentran en el Valle del Indo, en Pakistán, dieron vida a una floreciente civilización a partir del año 2000 a. de C., surgida aparentemente de la nada y que volvió a fundirse en la nada. Su organización supone un extraordinario

ejemplo de urbanismo moderno. De dónde obtuvieron tales conocimientos es algo que no sabremos, además de que la toponimia contribuye a fomentar el misterio. Mohenjo-Daro se llamaba la «colina de los muertos», denominación que hace aún más inquietante este lugar en el que domina el abandono y, desde muchos puntos de vista, la perfección constructiva.

En torno al año 1500 a. de C., Harappa y Mohenjo-Daro fueron abandonadas, entregadas al polvo. No se encontró ninguna señal de lu-

cha o destrucción, sólo toneladas de arena que cubrirían para siempre sus secretos.

Las excavaciones conducidas por los arqueólogos, iniciadas a partir de 1944, no han aportado ningún elemento que permita reconstruir la organización política de estas dos «metrópolis de la Antigüedad». En definitiva, es como si todo se hubiera ocultado deliberadamente, para eliminar para siempre su recuerdo.

El culto a la diosa madre

Desde el punto de vista religioso se constata una actitud similar, si bien las excavaciones han logrado encontrar algunas curiosas efigies de divinidades femeninas que, según los estudiosos, serían claros exponentes del culto consagrado a la diosa madre.

Todas las culturas han construido una dimensión sagrada alrededor de la figura de la madre, parte integrante de la tradición ritual y psicológica de los hombres de todos los tiempos.

La arqueología ha confirmado que las religiones antiguas tuvieron numerosas divinidades femeninas, punto de partida de cultos y tradiciones de los que el hombre, incluso en estos tiempos aparentemente tan poco dados a atender las «cosas del espíritu», no sabe despojarse.

Para Jung, en el arquetipo materno reside la mágica autoridad femenina, la sabiduría, la elevación espiritual que trasciende los límites del intelecto. En él encontramos lo que es bueno, protector, tolerante, todo aquello que favorece el crecimiento, la fecundidad, la nutrición y el renacimiento. Así que, junto al padre creador, la madre generadora repre-

Restos de graneros en Harappa. (Fotografía de Roger Wood / Corbis)

senta el elemento indispensable de la competencia ritual por el poder entre dos polos enfrentados, que subsiste desde el inicio de las religiones.

Parece que la gran distinción entre feminismo y machismo debe buscarse entre el año 3500 y el 2500 a. de C., como resultado de las fuertes influencias de las invasiones llegadas del Este, cuando el modelo matriarcal, por otra parte típico de las sociedades agrícolas, fue radicalmente reemplazado por la cultura de corte masculino basada en la guerra, la caza y una economía depredadora y destructiva.

La evolución de las divinidades femeninas ha derivado hacia numerosas figuras, positivas o negativas, consideradas de variada forma en cada civilización. La diosa madre es fuente de vida, una figura clave en las primeras manifestaciones de cultura comunitaria, en especial las de origen agrícola, en las que es garan-

Una de las misteriosas divinidades femeninas todavía sin nombre encontradas en Harappa. (Dibujo de Michela Ameli)

tía de inmortalidad y renacimiento. Y si la diosa madre es generadora, el dios padre, como decíamos, es creador. Las sociedades patriarcales crean un dios padre-guerrero, concediendo así valor a la racionalidad, la fuerza y la luz; en el matriarcado, por el contrario, ocupan un papel importante el misterio, la luna y el agua, contrapuesta al fuego.

El arquetipo primitivo de la diosa ha experimentado con el tiempo numerosas modificaciones encontrando en el cristianismo una confirmación propia, pero manteniendo algunos elementos simbólicos típicos del mundo pagano. Todo esto ha sugerido una especie de *continuum* que pone en relación directa el mundo antiguo con el moderno. Además de la repercusión cultural y los arquetipos trazados en nuestra psique, sin duda también el ambiente ha desempeñado un papel importante en la celebración del carácter sagrado de lo femenino.

Las ruinas de Mohenjo-Daro. (Fotografía de Diego Lezama Orezzoli / Corbis)

HIMALAYA

El rostro desconocido del yeti

El yeti (término que deriva de las palabras tibetanas *ye*, «roca», y *teh*, «animal»), es decir, el mítico «hombre de las nieves», apareció en la primera plana de las crónicas en los años cincuenta, a continuación de las grandes expediciones alpinistas occidentales. El peludo ser de los hielos eternos aparece a menudo en la iconografía himalaya, porque esta criatura ha caracterizado profundamente su mitología.

Hay restos, en cierto sentido extraordinarios, como el cuero cabelludo y la mano de un yeti momificados y conservados en el monasterio de Pangboche, en Nepal, que han suscitado amplios debates sobre su autenticidad, pero que, al margen de las polémicas, constituyen sobre todo una prueba fundamental de la importancia concedida a este ser en la cultura local. Según los sherpas —integrantes de la tribu himalaya establecida en las faldas meridionales del Everest—, en las montañas vivirían el *thelma* (un ser de pequeño tamaño que no sube por encima de los 3.000 metros de altitud), el *dzuteh* (una especie de gigante totalmente cubierto de pelo, vegetariano y que no ataca casi nunca a los hombres) y el *mi-teh* o *kang-mi* o *nayalme* (un ser carnívoro, agresivo y muy peligroso). Aunque los testimonios de las apariciones de este extraño «animal» si-

La Catedral Baltoro, cima de la cadena himalaya. (Fotografía de AGE Fotostock)

El yeti representado por algunos sherpas

guen siendo más bien imprecisos y casi nunca suficientes para satisfacer a la ciencia occidental, el yeti constituye una «realidad» en el Himalaya,

la prueba objetiva del peso ejercido por la naturaleza sobre cualquier presunción de la cultura. En armonía con la equilibrada relación entre el ser humano y el resto del universo, el yeti es una imagen emblemática, y no tan alejada, de un mundo muy lejano y desconocido para el observador occidental, quien, del «país de los ocho mil», apenas logra ver los aspectos más evidentes y percibir sólo parcialmente las voces de una tradición simbólica y ritual tan antigua como el hombre.

Según una leyenda nepalí, el yeti vendría de la mítica Shangri-la, una localidad perdida en las montañas himalayas de la que existe poca información, pero que se considera una especie de El Dorado y de la que cuentan muchas historias, si bien es cierto que son pocos (o quizá ninguno) los que realmente la han visto.

Montañas sagradas

No olvidemos que el Himalaya, la «morada de las nieves», con cimas de entre las más elevadas del mundo, constituye el lugar por excelencia para lo sagrado. En ese paraje salvaje, donde la vida tiene otro valor, los hombres sienten poderosamente la autoridad de lo divino, notan su respiración, perciben su fuerza irrefrenable. Nepal y Tíbet son, en definiti-

va, un bastión de una tradición religiosa de enorme fascinación, sincrética por muchos aspectos, en la que el mecanismo del símbolo actúa poderosamente sugiriendo ocasiones a menudo especiales para penetrar dentro del universo del culto.

El Tíbet ocupa una superficie de más de dos millones de kilómetros cuadrados —casi cuatro veces España— y está delimitado al sur por la cadena del Himalaya, al oeste por el Karakorum, al norte por la cadena del Kunlun y al este por una serie de cadenas paralelas correspondientes a las divisorias de aguas de importantes ríos asiáticos.

Citado ya por los escritores árabes del siglo VI, el Tíbet entró en la historia como potencia política durante el siglo siguiente. Desde entonces, esta tierra, coronada por las montañas más altas del mundo, ha mantenido intacta su imagen de misticismo y es considerada por muchos la última meta sin contaminar, una especie de «pasillo» para acercarse a la auténtica espiritualidad.

La «religión himalaya»

A menudo, la imagen occidental de la religión del Himalaya está distorsionada por un conocimiento limitado, madurado sobre todo en lugares comunes y conceptos que provienen de una divulgación exaltada. En realidad, hablar de «religión himalaya» es, cuando menos, complicado, puesto que se trata de un universo heterogéneo en cuyo seno hay todavía experiencias culturales muy distintas entre sí donde conviven formas arcaicas rituales con otras más modernas.

Efectivamente, en esta área geográfica sigue viva una tradición cultural que es el resultado del encuentro entre la religión *bon*, más antigua, indígena y prebudista, y el budismo, llegado de la India y desarrollado en varias corrientes. La religión bon se denomina *lha-chos*, que significa «doctrina sagrada», y es la respuesta espiritual al *mi-chos*, que significa «doctrina humana». Su fundador

El mito del yeti podría tener su origen en la iconografía budista, donde existen figuras con características diabólicas acentuadas

fue gShen-rab mi-bo (el supremo, el hombre más grande) considerado por los fieles una especie de divinidad y venerado como tal.

A partir del siglo VII d. de C. la tribu Bö formó, al sur de Lhasa, el primer reino tibetano, pero la difusión del budismo provocó el enfrentamiento con la religión autóctona. Esto supuso aportaciones y eliminaciones en ambas tradiciones. Y de hecho, desde entonces, los caracteres originales de las dos religiones sufrieron algunas modificaciones: en el budismo apareció el lamaísmo, y la religión bon perdió algunas particularidades más antiguas, de modo que se formó el «bon reformado», que todavía hoy constituye la variante dominante.

Según la tradición de la religión autóctona, los primeros siete reyes del Tíbet eran divinidades llegadas del cielo a través de un sistema algo «humano», es decir, una larga cuerda que les permitió descender a la Tierra donde dieron origen a una cultura muy marcada por lo sagrado y profundamente respetuosa de las voluntades celestes. En la religión local ocupan un lugar importante los *dum-thag*, es decir, los espíritus de la naturaleza que acompañan a los hombres y los guían cumpliendo a menudo la función determinante de intermediarios con el universo de los dioses. Quizás el yeti es un último descendiente de estos misteriosos espíritus de la naturaleza.

✴ ¿UN YETI TAMBIÉN EN AMÉRICA?

El yeti del Himalaya podría tener parientes bastante cercanos también en Norteamérica, en las Montañas Rocosas. En aquellos lares, el misterioso ser salvaje, observado por numerosos testigos y protagonista incluso de una película, se llama Sasquatch o Bigfoot. E incluso habría copias de sus huellas (de unos 40 centímetros de longitud); sin embargo, las dudas sobre su autenticidad permanecen. Se habla de una criatura de 2 metros de alto y más de 300 kilos de peso, pero se trata, en cualquier caso, de reconstrucciones basadas exclusivamente en las declaraciones de algunos testigos sin pruebas tangibles encontradas sobre el terreno.

Menos conocidas que el famoso «hombre de las nieves», las criaturas montañosas de los Estados Unidos no son muy distintas, en apariencia, de su pariente asiático. Generalmente se describen como seres cubiertos de un denso pelo rojizo que se alimentan de vegetales y pequeños animales, y todos los que afirman haberlas visto coinciden en afirmar que desprenden mal olor. Como el yeti, emiten sonidos muy similares a silbidos y parece que viven en pequeños grupos.

En general, las primeras apariciones se remontan al siglo pasado, pero es posible que estos seres, si se trata de criaturas reales, ya fueran conocidos por los nativos americanos y quizá formaran parte de su panteón.

INDIA Y SRI LANKA

Pataliputra: la ciudad de las amazonas

Un aura de misterio rodea al gran soberano indio Chandragupta, por algunos considerado un gran estratega que incluso obligó a batirse en retirada a los hombres de Alejandro Magno. Y también su ciudad, Pataliputra, en la India, está impregnada por el mito. Se cuenta que medía 3 kilómetros de ancho y 15 de largo. En sus muros despuntaban 570 torres y se abrían 64 puertas en todo su perímetro. El rey disponía de un ejército de setenta mil soldados, treinta mil jinetes y ocho mil elefantes de guerra. Un ejército invencible que dejaba impresionados a todos aquellos que se asomaban al valle del Indo en dirección al centro de la península india. Sobre parte de los restos de la antigua Pataliputra se encuentra hoy la actual Patna, y bajo sus cimientos se oculta el gineceo, donde se narra que tenían su sede las míticas amazonas.

En las versiones más antiguas de la leyenda, estas mujeres guerreras se describen como un pueblo bárbaro, al margen de la civilización griega y famosas por actitudes impropias de su sexo: vestían ropas masculinas, manejaban las armas y combatían valerosamente a pie, a caballo, con la lanza, el arco y la espada.

Sobre el origen de las amazonas y el significado de este mito ya los antiguos tenían opiniones contrastadas. Según los griegos, las amazonas provenían del dios Ares y la ninfa Armonía, y otros las describían como escitas que se habían separado del resto de su pueblo. Se contaba también que Heracles, su mortal enemigo, las había destruido y obligado a emigrar a zonas más al norte. Por último, en otras leyendas más recientes la patria de origen de las amazonas es «transportada» a regiones más occidentales (Tracia, Iliria, Vindelicia) o más al sur (Libia).

Templo sikh en Pataliputra. (Fotografía de Roman Soumar / Corbis)

La arquitectura india recurre a menudo a las columnas ricamente decoradas. Dos imágenes del Minarete Qutb en Nueva Delhi. (Fotografía de Martín Jones / Corbis)

La columna de Delhi

De 7 metros de alto y un diámetro medio de algo menos de medio metro, este pilar se alza en el patio de un templo en Delhi, en la India, y posee inscripciones hindúes.

Los estudiosos la datan en torno al siglo V d. de C. y todavía hoy constituye un pequeño enigma, puesto que no se ha conseguido establecer con precisión qué metal forma su estructura.

La stupa de Anuradhapura

Al observar los vestigios del pasado de Sri Lanka, nos topamos con algunas estructuras que siempre han despertado la curiosidad de los científicos. Es emblemática la gran stupa de

Anuradhapura, una construcción que ha hecho verter ríos de tinta y que sigue viéndose, en especial por los ojos de los occidentales, como un edificio cargado de inquietantes interrogantes.

La stupa, es decir, el túmulo colocado encima de las cenizas de un monje importante, se ha transformado con el tiempo en el símbolo de la doctrina budista. La tradición cuenta que, cuando murió Buda, sus cenizas fueron distribuidas entre ocho tribus, que a su vez las repartieron en ochenta y cuatro mil partes que debían esconderse en las diferentes stupas. Habitualmente las stupas presentan una base cilíndrica o cuadrada rematada en una cúpula; su perímetro está rodeado de piedras y verjas abiertas hacia los cuatro puntos cardinales. Gracias a su planta, estos templos-relicario se prestan a que los fieles deambulen girando lentamente en torno al monumento, siempre a la derecha, siguiendo la antigua práctica

La stupa constituye una de las expresiones más singulares e importantes de la tradición religiosa budista. (Fotografía de Lionel Dumarcet)

El jardín ocupa un papel importante en la tradición simbólica del budismo

del *pradaksina*, un ritual que tiene el poder de otorgar fuerza y protección.

A partir del modelo de la stupa han tomado forma construcciones más complejas que han llegado a ocupar una posición importante en su interior, comparable al altar mayor de la iglesia cristiana: se llaman *caitya*, y con el tiempo se han transformado en un conjunto de celdas y claustros que presiden numerosas estatuas de Buda.

Desde el punto de vista del simbolismo esotérico se ha puesto de manifiesto que existe cierta analogía entre la forma de la stupa y el cuerpo de Buda. Los diferentes niveles de la construcción, al igual que las partes del cuerpo, indicarían cada plano de la existencia, cuyo punto máximo está formado por la cima, que se alza hacia el cielo.

La stupa representa además un símbolo cósmico. De hecho es el «huevo del mundo» (su embrión lo constituyen las reliquias), pero simboliza también el eje del mundo que pone, con su estructura, a la Tierra en relación directa con el cielo.

85

Los jardines-mandala de Sigiriya

Mandado construir por el príncipe Kasyapa en el siglo V d. de C., también el gran reino de Sigiriya, en Sri Lanka, constituye una obra impactante donde la habilidad constructora se enlaza estrechamente con la búsqueda simbólica. Una búsqueda que se concreta, sobre todo, en los grandiosos jardines realizados según un modelo que parece imitar el lenguaje del mandala.

Un mandala es un diagrama circular que representa el proceso de desarrollo del cosmos a partir de su centro y que, a través de un organizado simbolismo, posibilita una especie de «viaje iniciático» que permite crecer interiormente y dirigirse hacia el conocimiento profundo. En la práctica, el mandala es una representación del universo en la que se simbolizan todas las fuerzas de la naturaleza y la correspondencia que existe entre ellas, además de las diferentes relaciones entre las cosas que parecen separadas a ojos de los no iniciados, pero que, en cambio, forman parte de un todo armónico.

Los budistas reconocen, sin embargo, que los verdaderos mandalas pueden ser solamente mentales y poseer una estructura muy variada. Las imágenes físicas, por tanto, sirven exclusivamente para construir el verdadero mandala que debe formarse en la mente. En cualquier caso, el mandala físico se dibuja y se consagra sólo el tiempo que se utiliza en una ceremonia. Los mandalas pintados sirven también como introducción a los textos de meditación, que a su vez proponen instrucciones precisas para la formulación y construcción de mandalas mentales que incluyen tanto un mantra como elementos vitales.

En la combinación de círculos, cuadrados y otras figuras simbólicas, el mandala manifiesta las relaciones materiales y espirituales que unen el plano cósmico, antropológico y divino. No sólo eso: el mandala tiene también una importante función de conservación o restablecimiento del orden psíquico, hasta el punto de que en Occidente ha sido objeto de profundos estudios por parte de Jung y sus seguidores.

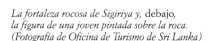

La fortaleza rocosa de Sigiriya y, debajo, la figura de una joven pintada sobre la roca. (Fotografía de Oficina de Turismo de Sri Lanka)

MONTE ARARAT

A la búsqueda
del Arca de Noé

Un gran diluvio, una gran arca, un gran deseo. Deseo completamente humano de encontrar esa inmensa embarcación que, como testimonia el Génesis, era «de madera resinosa [...], 300 codos de longitud [133 metros], 50 de anchura [32 metros] y 30 de altura [13 metros]» (Gn 6, 14-15). Deseo de encontrar, al menos, los restos en el monte Ararat en Anatolia, uno de los principales volcanes de Turquía, situado en una delicada zona limítrofe entre Armenia e Irán.

Anteriormente, ya los historiadores, filósofos, místicos y estudiosos habían buscado huellas concretas que pudieran confirmar la presencia del Arca en cualquier punto del Próximo Oriente. Su hallazgo habría supuesto un descubrimiento excepcional, pero ninguno lo consiguió nunca. De modo que sólo quedaron muchas suposiciones y teorías y también muchas invenciones y «bulos» típicos de periodos históricos en los que el método y la filología eran a menudo sofocados por las adulaciones de la mitología.

Además, mientras la arqueología y la historia de las religiones iban poco a poco enfocando nuevos y más específicos instrumentos críticos, también las técnicas de alpinismo avanzaban y permitían a los hombres subir hasta los 4.800 metros del glaciar del Ararat donde se encontraría la embarcación de Noé. Después llegaron las fotografías aéreas y luego las de los satélites, ojos indiscretos capaces de introducirse en lugares inaccesibles desde puntos de observación insólitos.

Y precisamente la fotografía sacada desde el satélite *Lager* ha permitido

La construcción del Arca según un grabado del siglo XV

recientemente a los investigadores seguir las presuntas huellas del Arca de Noé con las debidas reservas, aunque, por el momento, no se han alcanzado todavía resultados concretos. Hace tiempo que muchos estudiosos se refieren a algunos fragmentos de la embarcación encontrados en el glaciar, pero los arqueólogos son escépticos y el debate continúa.

No han faltado por supuesto interpretaciones sugerentes que han relacionado el Arca con los extraterrestres, con todo lo que conlleva en el imaginario. Por otra parte, si se mira bien, la imaginación es precisamente la artífice de la idea que la mayoría de nosotros nos hemos formado de la gran nave de madera embreada.

El Arca como símbolo

En algunos periodos históricos en que probablemente el tema del «castigo divino» se consolida frente a las visiones antropocéntricas, el Arca de Noé recupera todo su interés. Y así se vuelve a hablar de la gran embarcación de la que «obligatoriamente» deben encontrarse restos en el Ararat, la montaña real indicada en la Biblia, sin admitir ni siquiera una inexactitud en la traducción o en la evolución de las lenguas.

En este momento histórico nuestro, para algunos cargado de angustias escatológicas, el Arca puede ser una señal doble. Por un lado, indica el peso del poder de Dios; por otro,

87

La construcción del Arca según un icono ruso del siglo XVII

sugiere una posibilidad de supervivencia.

Si queremos identificar algo innovador en el Arca de Noé y asignarle una característica decididamente moderna, podemos considerarla como un instrumento importante para la conservación de la biodiversidad. De hecho, la gran nave, organizada en tres puentes, estaba imaginada como un gran contenedor dividido en muchas habitaciones de tamaños diversos donde se localizaban los animales terrestres (puente tres), las provisiones (puente dos) y los pájaros (puente uno).

Athanasius Kircher (1602-1680), jesuita alemán que estudió detalladamente los aspectos más importantes de la historia humana, diseñó con meticulosidad el Arca, organizando espacios para cada especie existente por entonces o considerada como tal. No faltaban tampoco los unicornios, animales fantásticos salvados del diluvio para que pudieran seguir fomentando la imaginación de los hombres. Como hace, por otra parte, el Arca de Noé.

✸ SINAÍ, EL MONTE CON MUCHAS LOCALIZACIONES

Como se sabe, el monte Sinaí es la famosa altura de la península del Sinaí donde Dios entregó su ley al pueblo hebreo. En esta montaña —en algunas partes del Antiguo Testamento llamada también Oreb—, Dios se apareció a Moisés (Éxodo 3, 2-4) para encargarle la misión de liberar al pueblo de la dominación egipcia.

Durante siglos, los estudiosos de la Biblia y las religiones estaban convencidos de que el monte Sinaí se localizaba en la zona donde actualmente se encuentra el monasterio de Santa Caterina, en el sur del Sinaí. Desde hace unos veinte años, sin embargo, el arqueólogo Emmanuel Anati sostiene que el relieve comúnmente considerado como la montaña donde se entregaron las Tablas de la Ley a Israel debería localizarse en el monte Har Karkom, en el Néguev, un lugar donde se han encontrado restos de hace cinco mil años. La gran cantidad de documentos arqueológicos encontrados, con una notable presencia de grabados y pinturas rupestres —algunos con contenidos que recuerdan argumentos bíblicos—, ha permitido suponer a muchos estudiosos que el monte Sinaí debe identificarse más al norte del actual, proponiendo así un itinerario del Éxodo muy distinto al reconstruido a partir de los limitados datos bíblicos.

88

PAGÁN

La gloria de Buda

El espectáculo que ofrece al espectador la gran llanura de Pagán, en la orilla izquierda del río Irawady, en Birmania (hoy Myanmar), es único en el mundo: cerca de cinco mil stupas, pagodas y monasterios consagrados a la grandeza de Buda y realizados entre la mitad del siglo XII d. de C. y el final del siguiente. El rey Anawratha fue el autor del gran milagro urbanístico de Pagán, una obra maestra de belleza resultante de una sabia simbiosis entre naturaleza, arquitectura y decoración. Fue él quien supo transformar una zona semidesértica en un centro sagrado de los

más importantes del mundo; se dice que para celebrar dignamente las obras, el soberano practicó sacrificios humanos con el fin de aplacar a los espíritus malignos empeñados en destruir su gran obra.

Aunque aparentemente el conjunto de Pagán parece distribuido sin un orden establecido, en realidad está orientado de forma que quede bajo la protección de los cuatro «Grandes Reyes», es decir, los dioses que guardan los cuatro puntos cardinales. Los *lokapala*, que así se llaman, tienen también el deber de proteger a Buda y cada uno posee un séquito. Se representan con ropas de guerreros y la lucha más

dura que deben mantener es contra los demonios que continuamente tratan de entrar en la Tierra.

Frecuentemente, los *lokapala* poseen una aureola de llamas que refrenda su pertenencia al grupo de los elegidos.

Dhrtarastra vigila el este y dirige a los músicos divinos (*gandharva*), que tienen la tarea de tocar en lo alto del cielo. Esta divinidad se representa tocando un instrumento de cuerdas y normalmente va acompañada de un *gandharva* flautista.

Virudhaka es el guardián del sur, posee un aspecto poco «tranquilizador», en especial por una pequeña trompa que le sale de la cabeza. Se

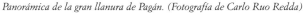

Panorámica de la gran llanura de Pagán. (Fotografía de Carlo Ruo Redda)

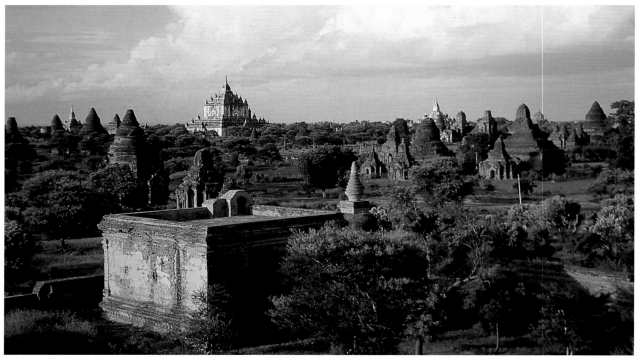

Las ruinas de Pagán comprenden cerca de cinco mil stupas, pagodas y monasterios consagrados a Buda. (Fotografía de Carlo Ruo Redda)

representa en el acto de desenvainar la espada y arremeter contra el enemigo. Lo escolta un *kumbhanda*, un demonio que sujeta un tridente decorado con pelos de yak. De hecho, Virudhaka es también el comandante de estos demonios enanos con hocico de búfalo.

Virupaksa es el guardián del oeste y su misión es proteger las reliquias de Buda. Se representa sujetando en la mano derecha una pequeña stupa resplandeciente colocada dentro de una mandorla.

Vaisravana vigila el norte y esta cualidad lo hace en cierto modo «superior». De hecho, es el único venerado fuera del círculo específico de los puntos cardinales. El norte, en sánscrito *bijapurana* (que significa «lleno de semillas»), es el símbolo de la fertilidad y la riqueza de la tierra. Quizá también por esta peculiaridad a Vaisravana se le considera el guardián de grandes tesoros, junto a algunos enanos, los *yaksa*, que viven en las profundidades de la tierra.

DIVINIDADES CONTRA EL MAL

Contra los seres malvados, según la tradición oriental, trabajan ocho divinidades «convertidas», es decir, «ex demonios» que han pasado a ser una especie de combatientes formados contra el poder del mal y encargados de proteger a los hombres.

Yamantaka es quien acaba con el dios de la muerte (Yama). Tiene hocico de búfalo y un tercer ojo, lleva un collar de cráneos y un cinturón de serpientes, y se coloca sobre un toro que se dobla bajo su peso.

Devi, única mujer entre estas divinidades, tiene un rostro demoniaco y cabalga sobre un asno salvaje. Está rodeada de numerosos objetos simbólicos que la convierten en una criatura especialmente compleja en la iconografía.

Sitabrahman, la divinidad menos representada, está sobre un dragón y empuña una espada en la mano derecha.

Beg-t'e, la divinidad de la fuerza cuya imagen procede de la tradición religiosa prebudista del Tíbet, tiene un aspecto que recuerda al de un guerrero.

Yama, el dios de la muerte que tiene la misión de juzgar a los difuntos y de decidir el tipo de reencarnación que cada uno se merece, se representa a menudo de pie sobre un toro en el acto de copular con una mujer.

Kubera, el ser monstruoso por excelencia, es como Vaisravana, el guardián del norte y de los secretos para alcanzar la riqueza; en general, aparece representado cabalgando sobre un león.

Mahakala, que en ciertos aspectos recuerda a la divinidad hindú Siva, se representa con una serie de objetos simbólicos que tienen que ver con la práctica funeraria, y en algunos casos está acompañado por el pájaro divino Garuda.

Por último, Hayagriva, que significa «el que tiene el caballo en la cabeza» (entre su pelo surge una cabeza equina), en algunos casos representado en el acto de aplastar a los hombres con el pie, está provisto además de un lazo para atar a los demonios y, en general, a todos los enemigos de la auténtica religión.

PALMIRA Y EL REINO DE SABA

La ciudad de las palmeras

Palmira fue fundada por el rey Salomón: «Veinte años después de que hubo santificado la casa de Yahvé y su palacio, reconstruyó la ciudad que Jirán le había dado, y mandó vivir allí a los hijos de Israel. Marchó también contra Jamat de Sobá y se apoderó de ella. Edificó también Palmira en el desierto y en el territorio de Jamat otras ciudades fortificadas» (Libro Segundo de las Crónicas 8, 1-4).

Situada a medio camino entre el mar Mediterráneo y el río Éufrates,

la «ciudad de las palmeras» se convirtió rápidamente en un importante punto de referencia dentro de los itinerarios de las caravanas creando los cimientos del sistema de intercambios entre Occidente y Oriente.

La primera mención a Palmira es de 41 a. de C., año en que Marco Aurelio envió su caballería a la ciudad a saquear riquezas para sus tropas. De hecho, como recuerda Plinio el Viejo en su *Historia Naturalis*, «la ciudad de Palmira es conocida por su posición, por la riqueza del suelo y la bondad del agua. A su alrededor se

extiende el desierto arenoso. Posee tierras cultivadas y por eso constituye casi una excepción en esos parajes. Tiene un destino propio entre los dos grandes imperios de los romanos y los partos, y en la lucha entre los dos bandos constituye siempre la principal preocupación».

El sueño de la mítica Zenobia

Los nombres de los reyes de Palmira son conocidos sólo por escasos fragmentos. Por algunos epígrafes sepul-

Dos nobles, escultura procedente de Palmira

crales sabemos los nombres de un cierto Worod, de Airanes y de Odenato. En el periodo en que gobernó este último, Palmira extendió su poder a Siria, Mesopotamia y parte de Arabia, y también en ese tiempo asumió un papel preponderante en Oriente transformándose en una de las ciudades más fuertes y temidas. En 267 d. de C., Odenato murió durante la guerra contra los godos; fue entonces cuando el cetro real pasó a su segunda mujer, Zenobia, una de las heroínas más célebres de la historia, que se convirtió en la representación femenina del poder perfecto. Durante su mandato en Palmira convivían en armonía culturas y religiones diversas, sin choques ni enfrentamientos. Según el historiador Trebelio Pollione, Zenobia era «la más bella de todas las mujeres de Oriente, y casta más que ninguna otra; de rostro moreno, ojos muy vivos, espíritu divino, con una dentadura tan brillante que muchos creían que tuviera perlas en vez de dientes». También se hizo famosa por su habilidad y su crueldad en la batalla. En los enfrentamientos veía sobre todo la oportunidad para extender su propio poder territorial; de hecho, llegó a Egipto y parte del Asia Menor. Además, su sed de conquista la llevó incluso a autodenominarse Augusta y a señalar a uno de sus hijos como *Augustus*, oponiéndose claramente de este modo al emperador Aureliano.

Bajorrelieve del siglo I procedente de Palmira

✶ HATRA, LA CIUDAD PERDIDA

Como Palmira, también la mítica Hatra, sede del templo del dios Sol de los partos, perdió su grandeza después de haber alcanzado su máximo esplendor en el siglo II d. de C. En esta localidad perdida en los desiertos de Mesopotamia, los partos vencieron a los romanos en el año 117 y en el 198 d. de C. Gracias a su valor y su fuerza hicieron de Hatra uno de los centros de culto y comercio más florecientes del Oriente Medio, pero las derrotas infligidas a los romanos no supusieron garantías para el futuro. En el año 240, el rey sasánida Sapor I tomó la ciudad, la saqueó y devastó hasta borrarla por completo de los ojos de los hombres.

Tan sólo hace medio siglo que los arqueólogos trabajan para sacarla a la luz, pero los fragmentos que la arena devuelve son migajas respecto a la grandeza del pasado. Por tanto, la mítica Hatra sigue siendo una ciudad perdida, cuyo auténtico rostro será por siempre un misterio.

Los romanos se vieron obligados entonces a atacar Palmira y vencieron a la audaz reina que, sin embargo, no se doblegó ante los soldados de Aureliano, el cual, quizás algo molesto por tener que combatir contra una mujer, escribió una emblemática misiva al Senado romano: «Puedo decir que fue completamente mérito de esta mujer, prudente en los consejos, perseverante con sus planes, severa con los soldados, inexorable donde la disciplina lo requiere, que su marido Odenato derrotara a los persas y llegara a las murallas de Tesifonte. Puedo asegurar que esta mujer provocó tanto terror en los orientales y en los pueblos de Egipto que ni los árabes, ni los sarracenos, ni los armenios osaron volver a rebelarse».

El ocaso de una leyenda

Después de sufrir algunas derrotas en el campo de batalla, Zenobia se retiró a su oasis de Palmira convencida de poder resistir por mucho tiempo los asedios. Pero lo cierto es que las cosas fueron de otro modo y la gran reina guerrera fue apresada por los romanos en las márgenes del Éufrates cuando trataba de escapar hacia el este. Fue conducida a Roma y obligada a caminar descalza ante el carro del emperador. Probablemente, en recuerdo a su glorioso pasado, se le perdonó la vida y fue condenada a un dorado exilio cerca de la ciudad.

En el año 272, Palmira, que se había sublevado al yugo romano, fue pasada a hierro y fuego y todos sus habitantes masacrados. Así describió Aureliano ese dramático suceso: «No es necesario que las espadas de los soldados sigan trabajando. La masacre de los habitantes de Palmira es ya suficiente. No hemos perdonado a las mujeres, hemos matado niños, estrangulado ancianos [...]. Deseo que el templo del dios Sol, que ha sido saqueado por los soldados de la tercera legión junto con otros, sea devuelto a su forma primitiva».

Pero los deseos de Aureliano no supieron resistir a la acción devastadora del tiempo. De modo que, poco a poco, la arena devoró a la gran Palmira, el lugar en que la reina Zenobia se transformó en leyenda.

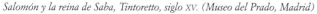

✠ UNA REINA CON FABULOSAS RIQUEZAS

La reina de Saba no es solamente un precioso mito que se sitúa entre lo imaginario y la tradición religiosa, sino que es, sobre todo, una especie de «icono» pagano en el que se incluyen valores simbólicos que han permanecido invariables durante milenios. Los yemeníes se denominan Arab al Areba («los hombres más puros») y se vanaglorian de una genealogía que se remontaría a Qayhan (a su vez descendiente de Sem), progenitor de Abd Shams, más conocida como Saba y patriarca de todas las tribus del norte de Yemen. La denominación Arabia Felix era fruto de un gusto refinado que revela una extraordinaria convivencia entre modelos típicos de la cultura árabe y modelos característicos de la tradición clásica. Una fusión que ha surgido poco a poco de la tierra gracias a las excavaciones arqueológicas iniciadas de forma sistemática a partir de los años ochenta.

Al observar las obras de arte yemeníes resulta natural constatar el notable nivel alcanzado, que encuentra su máxima expresión en una fascinante serie de esculturas de alabastro. Figuras lunares, frías en apariencia pero imbuidas de un aura sagrada exaltada por un cuidado en la ejecución que las vuelve enigmáticas, proyectadas en un universo lleno de misterio.

Cerca de Mareb, situada en el extremo sur de la península arábiga, los arqueólogos han encontrado las ruinas de Bilquis, famoso lugar de culto sabeo, y toda la zona ha proporcionado testimonios que permiten aventurar una relación histórica con el mítico reino de Saba, de donde partió su también mítica reina, entre los años 960 y 920 a. de C., para visitar a Salomón. La riqueza del reino de Saba condicionó sin duda las tradiciones posteriores a la versión bíblica y en la Edad Media fue uno de los motivos recurrentes de las leyendas, al igual que la procedencia de Baltasar (uno de los Reyes Magos), acerca de ese mítico país, entonces ya considerado uno de los vértices de la Ruta del Incienso.

En el extremo norte de esa importante ruta que garantizaba a los países árabes un elevado bienestar, se había formado el reino de Israel, y parece bastante lógico, por tanto, que la reina de Saba se dirigiera a Salomón para tratar con el sabio soberano las modalidades comerciales y quizá los peajes que pagar para disfrutar de un itinerario ciertamente fundamental. El encuentro, en la versión bíblica, se terminó con un acuerdo que procuró a Salomón «ciento veinte talentos de oro, gran cantidad de perfumes y piedras preciosas. Jamás llegaron tantos perfumes como los que la reina dio al rey Salomón». El mito de la riqueza del reino sabeo entraba en la historia.

Salomón y la reina de Saba, Tintoretto, siglo XV. (Museo del Prado, Madrid)

PETRA

La ciudad de los nabateos

Su fascinación no ha dejado indiferente a nadie. Este extraño y misterioso conjunto excavado en la piedra es todavía hoy un emblema de la gran capacidad constructora de los hombres de la Antigüedad, que no se arredraban ante ningún obstáculo, por más difícil que fuera.

En el pasado se pensaba que Petra, situada en Jordania, entre el mar Muerto y el golfo de Aqaba, era la «roca» de Edom de la que tenemos conocimiento por la Biblia. Una hipótesis a la que actualmente, sin embargo, se le concede poco crédito. Sagradas Escrituras aparte, Petra constituye una de esas realizaciones donde fuerza y gracia se funden en un abrazo cargado de seducción e interrogantes, el primero relativo a las motivaciones que culminaron en su creación.

Los habitantes de Petra, los nabateos, eran cualquier cosa menos un pueblo inculto. Su ciudad estaba situada, de hecho, en un punto neurálgico del sistema viario oriental en donde convergían las rutas de las caravanas que unían Arabia con el mar Mediterráneo y el mar Rojo con Siria. Precisamente gracias a esta posición estratégica, los nabateos pudieron aumentar su prestigio y enriquecerse enormemente, hasta convertir a Petra en poco tiempo en uno de los lugares más influyentes del Próximo Oriente.

Los nabateos, originariamente nómadas de Arabia, se establecieron en la franja entre el mar Rojo y el Mediterráneo sacando provecho inteligentemente de ese «cuello de botella» que une Egipto y Jordania, y se convirtieron en hábiles caravaneros asumiendo un papel tan importante que

Una sugestiva imagen de Petra. (Fotografía de Claire Letellier)

los llevó a ejercer una considerable influencia también en las zonas contiguas, llegando incluso a Palestina.

Los primeros en tratar de poner fin al poder de Petra fueron los romanos de Trajano y, seguidamente, en el siglo XII, los cruzados que convirtieron a esta ciudad en un nudo fundamental para mantener una vía de acceso al mar Rojo. Como ya habían hecho los nabateos, construyeron varias fortalezas para consolidar su poderío, pero posteriormente la ciudad fue abandonada hasta que, en el siglo XIX, los arqueólogos empezaron a dedicarse a ella.

Un mundo aparte en el desierto

El conjunto de Petra ofrece al visitante un escenario fantástico donde las grandes rocas se transforman, como por arte de magia, en palacios de gran belleza que algunos han comparado, por la reacción que despiertan, con las grandes construcciones del Barroco.

Pero no sólo dominan el paisaje las fachadas. El resto de los grandes edificios se despliega dentro de la roca viva, donde se abren salas y habitaciones en las que siempre domina una atmósfera sagrada fuerte y cargada de significados.

En el Deir, que significa «monasterio», se encuentra el monumento rupestre más grande de Petra, de más de 40 metros de alto y casi 50 de ancho. La fachada está dividida en dos órdenes con columnas, arcos, nichos y espléndidas cornisas que dan forma a un complejo único e irrepetible. Se cree que fue el mausoleo de Rabel II, rey de los nabateos, muerto a principios del siglo II d. de C., poco antes de la invasión de los soldados dirigidos por Trajano.

Naturalmente, el Deir no es el único edificio de Petra que despierta la admiración. Igual de fascinante, aunque de menor tamaño, el Khazneh Firaoun se asoma ligeramente como una advertencia por el estrecho desfiladero del Siq que conduce a Petra acentuando su misterio.

La leyenda local narra que en este edificio se oculta un «tesoro de los faraones» por identificar. Nadie está seguro de qué faraón se trata, pero algunos sostienen que es Amenofis IV o Akenatón, el soberano herético que instauró el primer monoteísmo de la historia. En su interior hay una sala constituida por un único gran cubo de 22 metros de base donde se colocaron tres sarcófagos, hoy desaparecidos. Nadie ha logrado hasta ahora establecer si en esa tumba fueron inhumados realmente soberanos egipcios.

El edificio principal de Petra, el Deir. (Fotografía de Claire Letellier)

Ni rastro de los habitantes

No cabe ninguna duda de que Petra ha sido siempre un escenario *ad hoc* para el mito. Hasta el popular héroe cinematográfico Indiana Jones encontró en esta ciudad un marco especialmente indicado para ambientar una de sus aventuras.

Pero hay casos en que la historia supera en misterio y fascinación a la leyenda. Prueba de ello es el enigma que constituye la falta de señales de los habitantes de Petra. Tal y como se presentó a finales del siglo XVIII ante el primer occidental, el suizo Johan Ludwiig Burckhardt, este lugar parece que fue principalmente un gran centro consagrado al culto de los muertos con pocas huellas de los vivos. Los miles de habitantes que vivían en esta ciudad, recluidos en el vientre de piedra esculpido como un santuario, no han dejado ningún elemento que pueda ayudar a los arqueólogos a reconstruir la fisonomía exacta de los nabateos. Es probable que estas gentes vivieran dentro de construcciones muy míseras cuyos restos han sido borrados por el tiempo. La total falta de indicios y señales de su paso por estas tierras alimenta la imagen misteriosa de Petra.

Se dice que muchos de los habitantes huyeron de la ciudad de piedra cuando los cultos violentos que obligaban a sacrificar a humanos alcanzaron el punto álgido de su difusión. Parece que dichas prácticas tenían lugar, sobre todo, en la cima del monte Attuf, donde se ha encontrado un altar de piedra consagrado a Dusares, dios de la fertilidad, y a Al Uzza, divinidad de las fuentes. El lugar de culto domina ahora Petra que ha envuelto con un manto de roca su historia, sus misterios y sus secretos.

QUMRAM

¿La morada de los esenios?

Las cuevas de Qumram (Israel), descubiertas casualmente por un pastor local en 1947, han aportado una amplia documentación sobre la historia y la tradición religiosa hebreas. Entre los textos de mayor importancia están la recopilación de los Himnos, un comentario de Habacuc, el Primer Rollo de Isaías, el Segundo Rollo de Isaías, la Norma de la Guerra, la Norma de la Comunidad, un comentario al Génesis, un comentario a Isaías, el Libro de los Testimonios y el Rollo de los Salmos.

Las indicaciones acerca de la práctica de ciertos ritos han permitido a algunos estudiosos entrever en la tradición cultural de la comunidad del mar Muerto, los esenios, referencias explícitas al cristianismo y, según otros, los escritores de la secta qumrámica podrían enmarcarse en las comunidades de los mandeos de Iraq.

También los restos del complejo monástico de Qumram han ofrecido a los estudiosos importantes posibilidades para relacionar al grupo establecido en ese lugar con los manuscritos hallados en las cuevas. Una correspondencia que nace, sobre todo, de la posibilidad de reconocer en el estilo de vida de los habitantes de esa zona referencias concretas gracias al contenido de los textos escritos.

En los yacimientos arqueológicos había quien veía restos de un fuerte romano y quien los interpretaba, en cambio, como pruebas de la perdida Gomorra. Casi con certeza, en Qumram se había asentado el grupo que conservó la gran biblioteca encontrada en las cuevas. Sabemos que el lugar estaba habitado desde el año 135 a. de C. y que el terremoto del 31 a. de C.

destruyó muchos de los edificios. Parece que durante las predicaciones de Cristo el centro estaba en plena actividad, mientras que entre los años 68 y 73 d. de C., en la revolución hebrea, fue obligado a doblegarse ante el poder romano. De ahí que, temerosos de las acciones devastadoras de las tropas conquistadoras, los habitantes de Qumram escondieran sus manuscritos.

A medio camino entre la historia y el mito

Los esenios pertenecen a la historia, pero a menudo su dimensión mística, muy entrelazada con la cultura y la religión judías, ha dado lugar a teorías sugestivas y reconstrucciones sin ningún rigor filológico que han desembocado en la construcción de fantásticos lugares comunes. Su entrada

Uno de los manuscritos encontrados en Qumram

oficial en la historia moderna se remonta, fuera de los ambientes científicos, a 1947, cuando en Qumram se encontraron los anteriormente citados manuscritos del mar Muerto.

Sin embargo, para la mayoría de las fuentes canónicas contemporáneas, los esenios no existían. O, mejor dicho, no se llamaban así. De hecho, fueron los escritores del siglo I, ajenos a su dimensión religiosa y cultural, quienes les dieron el nombre de esenios. Nos referimos a Filón de Alejandría, Flavio Josefo y Plinio el Viejo. Es más, el término *esenios* no aparece ni siquiera en los rollos de Qumram.

Para algunos intérpretes, el nombre de los exponentes de este grupo derivaría del arameo *asya*, «médico», con especial referencia a Flavio Josefo, que los considera curadores del cuerpo y la mente: «Tienen un extraordinario interés por las obras de los autores antiguos, eligiendo sobre todo aquellas que complacen al ánimo y el cuerpo; allí, para curar las enfermedades estudian las raíces medicinales y las propiedades de las piedras».

Asentados en Judea, con una importante concentración en el área occidental del mar Muerto, los esenios eran, de hecho, una especie de orden religiosa caracterizada por un planteamiento ascético muy orientado hacia un tipo de «socialismo» primigenio. En su comunidad se rechazaba cualquier tipo de comercio, esclavitud y violencia, y la conducta moral de los adeptos era muy similar a la que caracterizaría después a los miembros de las órdenes monásticas del cristianismo medieval. Comidas y oraciones en común completaban la experiencia mística que cada día centraba su trabajo y su búsqueda espiritual.

Por supuesto, no es difícil caer en la tentación de relacionar sin reservas a los esenios con los miembros de la comunidad de Qumram. Pero, como se ha dicho, las fuentes objetivas son muy limitadas. Pese a ello, debe tenerse en cuenta que la doctrina esenia presenta puntos de contacto sustanciales con las elecciones teológicas y rituales de numerosas comunidades de la época, aunque no faltaran características especiales. En concreto, el celibato y el culto al sol —además de la presunta actividad literaria— son quizá los aspectos que más han contribuido a hacer «únicos» a los esenios para una cierta tradición interpretativa.

¿Cristo y los Evangelios de Qumram?

Si bien actualmente parece ya desestimada la tesis que pretende relacionar a Cristo con los esenios (la hipótesis de Cristo como exponente de la secta ha obtenido un amplio eco después del hallazgo de los manuscritos de Qumram, pero no ha resistido la investigación de la crítica histórica), no se elimina del todo una conexión entre el grupo y el Nuevo Testamento.

Según algunos exegetas, el hombre con el cántaro de agua que indica el lugar de la cena pascual (Marcos 14, 12-15) sería en realidad un esenio. Además, recientes estudios sobre la cronología de la Semana Santa dejan entrever que tal vez Cristo se refería al calendario esenio, del que se han encontrado fragmentos entre los rollos del mar Muerto.

Hay que destacar también que Cristo podría haber mantenido relaciones con los esenios —sin pertenecer por eso a su secta—, puesto que, como es sabido, en los años de su actividad pública tuvo contactos con los dirigentes de grupos sociales y religiosos muy heterogéneos.

Tras la interpretación que tiende a reconocer en la comunidad de Qumram la expresión de una tradición precristiana, debe colocarse la tesis de un jesuita español, el padre José O'Callaghan, según el cual, el fragmento 7Q5 (del año 50 d. de C.) contendría varios versículos del Evangelio de Marcos (6, 52-53). Si la identificación pudiera demostrarse, objetivamente querría decir que entre los hombres de Qumram se habían difundido textos del Nuevo Testamento antes del año 68 d. de C., es decir, cuando la localidad fue abandonada.

No obstante, el estudio filológico de los documentos permite datarlos cronológicamente hacia mediados del siglo I y también los contenedores de cerámica que los preservaron se remontan al mismo periodo. Aunque si la hipótesis de O'Callaghan fuera fundada, muchas certezas sobre los Evangelios deberían revisarse y corregirse. Pero la mayoría de los estudiosos tradicionales trata ese argumento con gran cautela.

✸ Han dicho de ellos

Filón de Alejandría se refiere a los esenios en el Quod omnis probus liber sit *(75, 91) y en el* De vita contemplativa *(VI, 46-71); Plinio el Viejo los menciona en la* Historia Naturalis *(V, 17); y Flavio Josefo los nombra varias veces en la* Antichità giudaiche, *la* Guerra giudaica *y la* Vita.

Veamos algunos fragmentos significativos de Flavio Josefo: «Son judíos por nacimiento, unidos por mutuo amor más estrechamente que los demás. Rechazan los placeres como un mal, y consideran virtud la templanza y no ceder a las pasiones [...]. No se preocupan por la riqueza y es admirable el modo en que organizan la comunidad de los bienes, ya que es imposible encontrar entre ellos a uno que posea más que otro [...]. Se dividen en cuatro categorías según la antigüedad de la regla [...]. Son también longevos, pues muchos pasan de cien años y eso, creo, gracias a la vida simple y ordenada [...]. Tienen fama de interpretar exactamente las leyes, forman la secta más importante y atribuyen cada cosa al destino y a dios; consideran que actuar bien o mal depende en gran parte de los hombres, pero que en cada cosa interviene también el destino; que el alma es inmortal, pero sólo las de los buenos pasan a otro cuerpo, mientras que las de los malvados sufren un castigo sin fin».

TAKHT-E-SULEIMAN

¿El templo de los Reyes Magos?

Marco Polo, en *Los viajes de Marco Polo*, recuerda que el castillo de los «adoradores del fuego» de Galasata (*Qal'ah-i Ataparastan*) se encontraba a «tres jornadas» de Sawah, la ciudad de la que provenía al menos uno de los Reyes Magos; no lejos de Sawah estaba, en cambio, Qazyat-al-Magus («pueblo de los Magos»), por el que Marco Polo debió seguramente pasar.

La relativa cercanía es, sin duda, una pista a tener en cuenta y está confirmada por los arqueólogos. De hecho, una importante contribución para la posible interpretación histórica de la tradición del fuego sagrado venerado por los *Magusei* (es decir, los magos-sacerdotes orientales, expertos en astrología y astronomía), proviene precisamente de Takht-e-Suleiman (literalmente «trono de Salomón») donde se levantaba el templo del fuego real (*Athur Gushnasp*).

Takht-e-Suleiman se encuentra en el itinerario del presunto viaje de regreso de los tres Reyes Magos, que pasaba por el río Tigris (entre el lago de Urmia y el mar Caspio, en el actual Irán). Además, en esa área se extendía también la ruta caravanera procedente del Reino de Saba, que después de atravesar parte de la península arábiga superaba el mar Caspio y entraba en Persia. La zona del templo del fuego está tomada con precisión del «camino de las procesiones», una vía muy frecuentada mucho tiempo antes del nacimiento de Cristo que también era atravesada ritualmente por los viajeros que se dirigían hacia el sur del país.

Según la tradición, Ahura Mazda encendió el fuego sagrado y, para los historiadores, su origen se sitúa hacia el año 150 a. de C., al inicio del poder de los partos.

Junto al templo del fuego real estaba el del fuego de los sacerdotes (*Ethur Farnbog*), situado en Persia, y el de los pastores y los campesinos (*Athur Burzen-Mihr*), en Partia. Pero no se conoce la localización de estos dos templos.

El templo de Takht-e-Suleiman se ha relacionado con seguridad con el culto al fuego gracias a la interpretación de los escritos presentes en algunas inscripciones halladas en el lugar. En ellas se pone de manifiesto que en ese sitio Athur Gush-

La adoración de los Reyes Magos en un evangelario del siglo X

nasp era soberano y gran sacerdote del fuego.

En el texto del sirio Mar Salomón, el *Libro de la abeja*, se incluye un discurso entre Zoroastro y el rey Gushnasp en el que se habla del nacimiento de una virgen y de la vida y

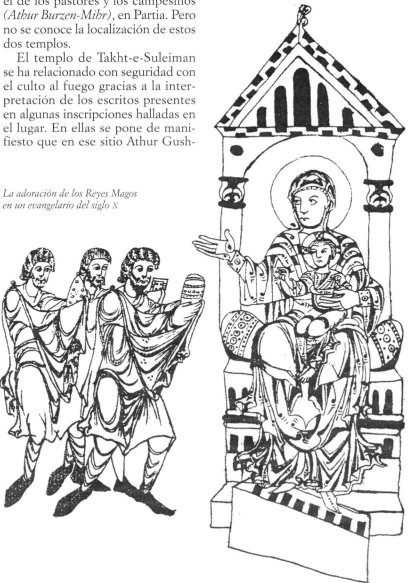

La adoración de los Reyes Magos en un grabado del siglo XV

Página de un fragmento del Avesta

la muerte de un futuro gran rey, es decir, Zoroastro. Cuando Gushnasp pregunta a Zoroastro si el futuro rey será más poderoso que él, recibe esta respuesta: «Será de mi raíz, soy él y él soy yo».

El culto al fuego

En Takht-e-Suleiman ardía el fuego sagrado descrito por Marco Polo. Hay que precisar que la zona acogía un templo consagrado al culto del fuego desde mucho antes del viaje de los Reyes Magos. Los tres personajes, según las fuentes apócrifas y las versiones hagiográficas medievales, no deben interpretarse, por tanto, como los iniciadores de dicho culto, sino como continuadores, con un papel determinante a caballo entre la tradición mazdeísta y las necesidades del cristianismo, este último dificultado sin duda por la doctrina consolidada del Avesta (del persa *apastak*, «texto fundamental», es decir, el conjunto de libros sagrados del zoroastrismo).

Una leyenda del Próximo Oriente describe las maravillas del templo de as-Siz (que corresponde al actual Takht-e-Suleiman), en cuyo altar ardía un fuego perpetuo. De este altar los sacerdotes tomaban el fuego sagrado que luego llevaban como ofrenda simbólica en las celebraciones. El dato podría relacionarse en ciertos aspectos con un texto apócrifo poco conocido, *Testimonios del profeta Daniel*, donde se dice que los Reyes Magos, al llegar ante el Niño, se postraron y «dejaron el fuego» junto a los tres dones canónicos (oro, incienso y mirra). El nexo con el culto practicado en Takht-e-Suleiman salta a la vista rápidamente, pero no permite una profundización históricamente acreditable.

El complejo simbolismo vinculado con el culto al fuego afecta a uno de los Reyes Magos: Gaspar, llamado también Vindapharna o Gondhofares, que significa «Señor del Farr». Por *Farr* se entendía un principio universal abstracto cercano a la «fuerza que sostiene el Universo y le da forma y vida, y es considerado de naturaleza ígnea aunque resida también en las aguas; sin embargo, es muy diferente del simple fuego. En las monedas kushana se personifica como un dios: Farro. Sujeta un fuego en la mano y de su espalda brotan llamas que son su marca característica, casi su esencia puesta de manifiesto» (M. Bussagli, M. G. Chiappori, *I Re Magi*). La imagen de Gaspar se acompaña a menudo del fuego, un símbolo que una vez más resulta parte integrante del emblema de los Reyes Magos.

GASPAR: ¿PERSONAJE HISTÓRICO?

Gondhofares, personaje histórico que reinó desde el año 19 d. de C. en una zona comprendida entre Afganistán y la India, ¿podría haber sido el más joven —un príncipe— de los tres Magos que fueron a adorar al Niño?

El Rey Mago Gaspar, llamado Appelius por los hebreos y Gathaspar por los armenios, era conocido por los griegos como Galgalath o Gondhofares, nombres con los que parece que se referían a un personaje llamado también Vindapharna, rey de una zona situada aproximadamente entre Afganistán y la India.

En el texto apócrifo Actos de Tomás, se habla además de un cierto Cudnafar, indicado como Rey de la India (1, 2), un personaje histórico que efectivamente reinó en una región de la India en el siglo I d. de C. Según los estudiosos de la religión irania, «pertenece a esa oleada de invasores iranios que en el siglo I a. de C. se repartieron por el área indo-afgana [...] y es el primer gran soberano indo-parto. De cultura helenística, pues en sus monedas encontramos la lechuza, símbolo de Atenas y de la sabiduría griega, aumentó su poder y su dominio sustituyendo —quizá sin demasiados daños— a los soberanos Saka» (M. Bussagli, M. G. Chiappori, I Re Magi). Además, unas cuantas inscripciones nos permiten establecer que este soberano reinó a partir del año 19 d. de C. De modo que la posibilidad de que al menos uno de los Magos pudiera ser realmente un personaje histórico resulta plausible y parcialmente documentada.

EUROPA

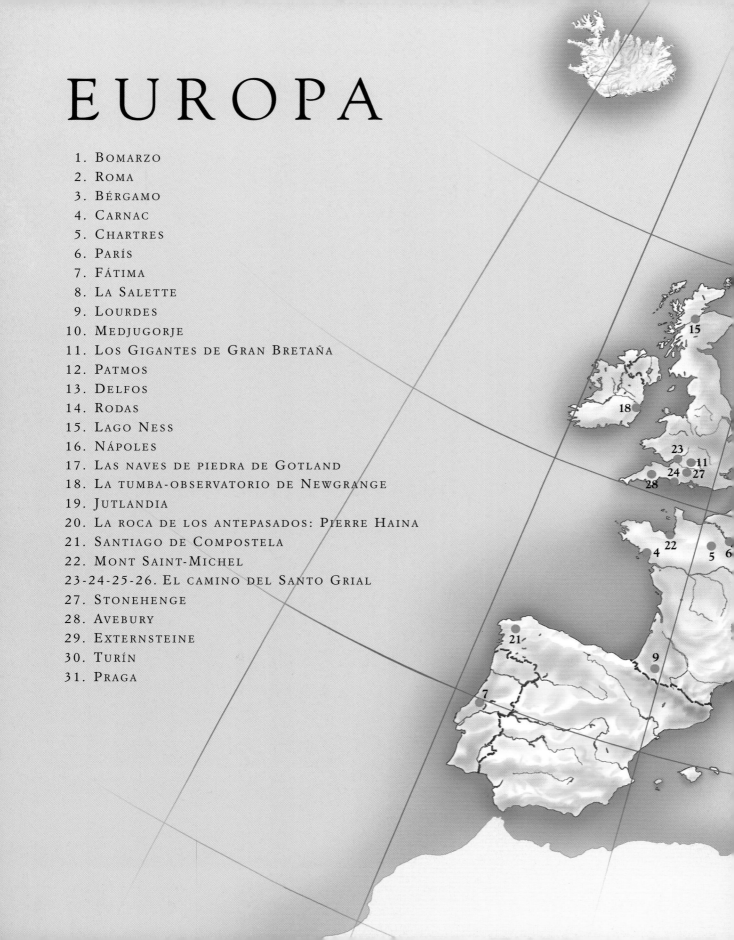

BOMARZO, ROMA Y BÉRGAMO: LOS LUGARES ALQUÍMICOS

El Parque de los Monstruos de Bomarzo

En el siglo XVI, el noble Vicino Orsini mandó construir en Bomarzo, una antigua localidad de origen etrusco, un curioso parque que la tradición popular ha bautizado como Parque de los Monstruos. Efectivamente, este complejo, que se encuentra en la provincia de Viterbo, está formado por un conjunto de extrañas estatuas y construcciones caracterizadas por un profundo simbolismo que se mezclan completamente con el entorno dando vida a un paisaje que podríamos calificar como inquietante. Las figuras muestran seres míticos y monstruosos, arquitecturas simbólicas y sugestivas geometrías. Todo el parque es una sucesión de esculturas, algunas cubiertas de musgo y líquenes, sin un aparente significado. Casi una especie de museo al aire libre, rodeado de una densa atmósfera de misterio y de continuas referencias al universo mítico de la religión pagana que ha animado, ya en el siglo XVI, a darle el sobrenombre de «Bosque sagrado».

La obra más singular es, sin duda, la casa inclinada, cuya posición anormal no se debe a un fallo del terreno, sino a la voluntad del artista. En un principio, el monumento se encontraba en la entrada del parque. Probablemente Orsini quería dar a los visitantes una sensación inmediata de extrañeza, o quizá animarlos a observar el mundo desde un original punto de vista, infringiendo normas y lugares comunes.

Y realmente lo logró a través de figuras alegóricas de animales considerados misteriosos, al menos en esa época, como la tortuga y el ele-

Bomarzo: entrada a la boca del monstruo

fante. Ambos animales soportan estructuras verticales: la primera, una columna, en la que se encuentra la Victoria alada, y el otro, una torre.

Tampoco faltan figuras monstruosas como el Cancerbero, un dragón que devora a otras criaturas, y leones-furia que, a pesar del paso del tiempo, siguen provocando una sensación inquietante después de más de 450 años.

Por supuesto, también condiciona el entorno, como si se tratara de una especie de telón de fondo para los hombres y esas singulares figuras de piedra que la naturaleza acoge en un abrazo misterioso.

El mayor misterio del Parque de los Monstruos es una enorme cabeza de orco petrificada en un grito, cuya boca ha sido transformada, gracias a una hábil técnica constructiva, en el acceso a una pequeña cueva que desde fuera parece evocar el *mondus* romano, es decir, el lugar de los espíritus.

Y aún hay más: dioses y semidioses, héroes del mundo clásico llenan el parque y ofrecen al visitante la ocasión de sorprenderse y, al mismo tiempo, de percibir que bajo la fantasía de Orsini debía de haber un diseño predeterminado, quizás un proyecto hermético que aún no hemos conseguido aclarar.

A caballo entre la literatura, la meditación y las alegorías

Este lugar de las maravillas podría considerarse una especie de itinerario en clave alquímica, casi un recorrido iniciático comprensible sólo por aquellos que pretendan ir más allá de las apariencias para captar matices esotéricos ignorados por la mayoría.

Creemos que Orsini pretendió crear un lugar de paseo y meditación al mismo tiempo, como efectivamente se aprecia por las numerosas inscripciones presentes en los bancos colocados a lo largo del itinerario. Existe, por tanto, la posibilidad de que este original hombre

de armas, pero también literato, haya querido trasladar a esa combinación de arte y naturaleza una especie de tratado cuyo referente primario fuera el lenguaje de la alquimia, ciencia dedicada a la transformación del hombre, en el intento incansable de colocarlo ante imágenes que proceden de visiones y sueños y que alimentan miedos y creencias. El resultado está allí, ante los ojos de todos, pero propuesto de un modo que sea accesible sólo a aquel que, como decíamos, quiera realmente conocer dejándose arrastrar por el dédalo de la filosofía. Cada figura propuesta encuentra un nexo literario: desde Dante a Pulci, de Ariosto a Tasso. Por tanto, el papel de este parque misterioso, que lleva al extremo el ambiente alegórico del jardín renacentista, es obligar al visitante a continuas reflexiones, a una constante y dedicada valoración del espacio en el que vive con el fin de crear una simbiosis entre el hombre y el ambiente, entre la criatura evolucionada y la naturaleza.

El lema de los Orsini era «Conoce y véncete a ti mismo». No hay duda de que el perspicaz Vicino quiso trasponer al plano de la representación ese lema que había dominado por mucho tiempo la actitud de su familia frente a la realidad objetiva y, tal vez, del misterio que nos rodea a todos. Siempre.

La enigmática Puerta Mágica de Roma

Otro misterioso ejemplo del arte alquímico lo constituye la Puerta Mágica de Roma, construida por orden de un noble romano interesado en la alquimia, Massimiliano Palombara, que en 1680 la mandó colocar en una entrada de su jardín, en la colina Esquilino. La Puerta Mágica es una obra caracterizada por una serie de signos y escrituras en latín cuyo significado es misterioso en apariencia. Para descifrar su contenido es necesario conocer el lenguaje de la alquimia. El interés del marqués Massimiliano Palombara por esta ciencia no era un secreto. En 1656 escribió una obra esotérica, *La Bugia*, que recogía una serie de mensajes simbólicos elaborados con ayuda de los estudios realizados desde muy joven.

La tradición antigua, apoyada por las investigaciones historiográficas más recientes, relacionaba las inscripciones de la Puerta Mágica con la visita de un misterioso «peregrino» que, en torno a 1680, visitó a Palombara y que en su laboratorio realizó la transmutación de plomo en oro. En esa ocasión, el marqués mandó grabar en la «humilde puerta de la calle, frente a S. Eusebio», los enigmáticos signos que el peregrino le indicó y que contenían el secreto de la ciencia alquímica.

En realidad, llegados a este punto es difícil establecer cómo sucedie-

---

✸ TAMBIÉN EN EL VÉNETO Y LA TOSCANA

Un recorrido esotérico similar al de Bomarzo se incluye en el parque de la Villa Valmarana de Saonara (en la provincia de Padua, Italia), realizada a partir de 1813 por Giuseppe Iapelli. En el jardín de esta edificación hay esculturas inspiradas en las del Parque de los Monstruos.

En las cercanías de una cantera abandonada en Capalbio, en la Toscana, el artista Niki de Saint Phalle está construyendo un conjunto que tiene su origen precisamente en el «Bosque sagrado» de Bomarzo, pero que, si bien recupera la fascinación y el misterio, se realiza con un lenguaje completamente diferente que mezcla el misterio del jardín esotérico con la vitalidad de las obras de Gaudí. Se trata, sin duda, de una solución fuera de lo normal, también por el tamaño de las obras en las que predominan materiales llenos de color y formas típicas del arte contemporáneo. Lo que no varía es el deseo de afirmar, una vez más, el valor esotérico del jardín, en el que apariencia y contenido se liberan en soluciones formales llenas de simbolismo.

La Puerta Mágica. Primer grabado: sello del plomo. (Fotografía de Roberto Tresoldi)

La Puerta Mágica. Tercer grabado: sello del hierro. (Fotografía de Roberto Tresoldi)

La Puerta Mágica. Cuarto grabado: sello del cobre. (Fotografía de Roberto Tresoldi)

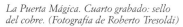

Ahora la Puerta Mágica, uno de los raros ejemplos de monumento alquímico existentes, está adosada a una pared en una esquina de los jardines de Plaza Vittorio, en Roma, donde se colocó después de ser retirada de la villa del marqués de Palombara durante los trabajos de reconstrucción urbanística del siglo XIX. (Fotografía de Roberto Tresoldi)

La Puerta Mágica. Quinto grabado: sello del mercurio. (Fotografía de Roberto Tresoldi)

La Puerta Mágica. Escritura hebrea y texto del arquitrabe. (Fotografía de Roberto Tresoldi)

La Puerta Mágica. Sexto grabado: sello del antimonio. (Fotografía de Roberto Tresoldi)

La Puerta Mágica. Séptimo grabado: sello del vetriolo. (Fotografía de Roberto Tresoldi)

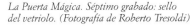

ron de verdad los hechos, pero a pesar de los pocos datos que poseemos de la biografía de Palombara debemos necesariamente constatar que toda la historia se inscribe sin distorsiones en la experiencia hermética del dueño de la casa. Así que es probable que la figura del peregrino sea una invención literaria, creada para encauzar los conocimientos esotéricos del autor consolidados en largos años de estudio. Las decoraciones e inscripciones se sirven de un «código» simbólico común a muchos textos alquímicos y sólo pueden interpretarse por quien conoce la antigua ciencia llamada *Arte regio*. Todavía hoy las inscripciones en latín, cada una relacionada con un símbolo alquímico, son motivo de discusión e investigación de los estudiosos del tema, pero su significado preciso sigue siendo desconocido. Tal vez para llegar a interpretarlas haya que conocer el secreto para transformar el plomo en oro: una meta ambicionada por muchos, pero aún imposible de alcanzar.

El secreto alquímico de Lorenzo Lotto en Bérgamo

La basílica de Santa María la Mayor en Bérgamo, además de ser una obra maestra del arte y la arquitectura donde la tradición medieval y la barroca se complementan, alberga un gran tesoro hermético: las tablas de taracea del Coro de los Religiosos, de Lorenzo Lotto, en la parte delantera del altar.

Este extraordinario artista (1480-1556) dejó en la basílica de Bérgamo un testimonio artístico dentro de un lenguaje que se ha confirmado en una serie de obras donde el esoterismo parecería dominar indiscutiblemente.

En 1524 se encargó a Lorenzo Lotto realizar dibujos para representar algunas historias del Antiguo Testamento. Estas imágenes, traducidas en taracea por Giovanni Francesco Capoferri, habrían sido protegidas por una serie de «divisas» de Lotto, entendiendo por *divisas*, según la

Referencia a temas alquímicos en las tablas de taracea de Lorezo Lotto de Santa María la Mayor, en Bérgamo

✠ UN ANTIGUO E INDESCIFRABLE LENGUAJE

Sin duda alguna, la alquimia constituye uno de los ámbitos de la cultura donde el lenguaje simbólico del esoterismo se ha materializado con mayor consistencia, proponiendo un complejo sistema lleno de misterio, todavía indescifrable en gran medida para el hombre moderno. Para pasar inadvertidos, los alquimistas hablaban a través de símbolos, creando un lenguaje complejo, sólo accesible a unos pocos que casi nunca aparecía por escrito. Cuando sí lo hacía, los textos resultantes se caracterizaban por una lengua misteriosa, tan plagada de metáforas y alegorías que hacía perder el hilo de la narración a quien no estaba avezado en las sutilezas esotéricas de la materia. Los orígenes de la alquimia son antiquísimos. Parece que las primeras fuentes se sitúan en el mundo clásico y que entre los fundadores hay personajes a caballo entre el mito y la historia, como Hermes Trimegisto, María la Hebrea, etc. Según algunos intérpretes, la alquimia sería una especie de antepasada de la química, pero esta tesis no satisface a todos, porque la Ciencia Sagrada (así denominan los esoteristas a la alquimia) se mueve en planos diversos y sus prácticas deben considerarse una metáfora de la condición humana. El concepto básico de la alquimia, el aparente, es de todos conocido (esotérico), la búsqueda de la Piedra Filosofal que permite transformar la materia vil (el plomo) en materia noble (el oro). En realidad, debe leerse como una metáfora, pues detrás de la transformación se oculta la perfección intrínseca que el alquimista persigue a través del conocimiento. Del mismo modo que en el procedimiento químico-físico la evolución de la materia sucede gradualmente, también en la alquimia las fases para alcanzar la Gran Obra (la transmutación de la materia) se definían por momentos específicos, que permitían elevar el plomo al oro.

tradición heráldica, las imágenes simbólicas que acompañan a un lema o una representación temática, de modo que ambas se complementan y se explican recíprocamente, incluso recurriendo a la lógica de los opuestos. Y en este intrincado complejo simbólico pueden encontrarse las referencias directas al universo alquímico, según un planteamiento completamente contrapuesto a la tradición artística cristiana. Seguramente, con Lotto colaboraron estudiosos de la Biblia y, sobre todo, expertos en alquimia. Concretamente podía contar con un círculo de integrantes activos de esta rama del saber en Bérgamo en los años en que el artista estaba dedicado a la ejecución de los mencionados dibujos. Acerca de la complicada mezcla de símbolos y alegorías de las tablas de taracea se ha dicho mucho, aunque las tesis no pasen a menudo del terreno de las suposiciones.

Según los esotéricos, las tablas de taracea de Lotto constituyen un trabajo alquímico entendido como un recorrido místico, a través del cual el individuo tenía la posibilidad (y tal vez tiene todavía) de crear una armonía con lo divino. En este caso concreto, el ciclo de historias y divisas del coro de la basílica de Santa María la Mayor se entiende como un itinerario dirigido a exaltar la ascesis interior, creando una estrecha relación entre varias historias bíblicas y la metáfora que la tradición hermética ha adoptado para codificar los propios preceptos filosóficos y morales.

CARNAC

Los menhires sagrados

Del pequeño pueblo francés de Le Ménec, a menos de un kilómetro de Carnac en la campiña bretona, parten cuatro avenidas bordeadas por miles de menhires repartidos en once filas. Cerca del Kermario se encuentra el túmulo llamado Kercado, donde se han encontrado sepulturas datadas en el 4700 a. de C. Un dato arqueológico importante que constituye una prueba de notable interés científico para la identificación cronológica de todo el conjunto de Carnac.

A pesar de que muchos menhires se han caído, todavía es posible observar la amplia extensión (cerca de 4 kilómetros) de este exclusivo complejo megalítico. La estructura más

En Carnac, a veces se unen dólmenes a las largas filas de menhires. (Fotografía de John Pole)

Imagen panorámica de Carnac, uno de los complejos sagrados donde todavía puede apreciarse la maestría de los antiguos constructores. (Fotografía de John Pole)

Carnac está envuelto en una atmósfera de innegable fascinación. (Fotografía de John Pole)

organizada se encuentra justo en Le Ménec, donde las piedras en pie forman una elipse constituida por 70 menhires que miden algo menos de un metro y medio de media. Al este se levantan 1.099 piedras colocadas a lo largo de 11 alineamientos que dan lugar a una escenografía fascinante única en el mundo.

Así describió Chevalier de Fréminville en 1827 el emplazamiento de Carnac: «Ese regimiento de piedras, asombroso alineamiento de rocas informes ordenadas simétricamente, me ha llenado de asombro

EL SIGNIFICADO DE LOS MENHIRES

El menhir (de men, «piedra», e hir, «larga») es probablemente el documento más enigmático de la cultura megalítica. Formado por una única estructura vertical clavada en el suelo, este extraño monumento, con gran presencia en el área de influencia cultural celta, ha sido desde siempre objeto de atención y estudio de los arqueólogos.

Su nexo con la esfera de lo sagrado está demostrado, como suele pasar con la mayoría de los testimonios líticos en los que es evidente la intervención de la mano del hombre, si bien no se ha establecido todavía una función concreta dentro del mecanismo ritual.

Datar estos megalitos cuando no se encuentran cerca objetos de referencia que puedan indicar un periodo preciso, resulta bastante complicado. En general, se trata de obras realizadas a partir del Neolítico y que después entraron a formar parte de la tradición religiosa celta.

[...]. El gran número de piedras y sus curiosas disposiciones, la altura que alcanzan sus contornos largos, grises y musgosos que se alzan sobre el brezo negro en el que hunden sus raíces, y por último el silencio que las rodea, despiertan la imaginación y llenan el ánimo de una veneración melancólica por estos antiguos testigos de tiempos ya remotos». Un testimonio, el de Chevalier de Fréminville, que todavía conserva todo su valor. Efectivamente, es prácticamente imposible no quedar sorprendido por ese templo prehistórico realizado para

⊗ EL SECRETO DE SCHIMMER ES

Uno de los emplazamientos megalíticos holandeses que todavía está rodeado por el misterio es el de Schimmer Es. Se trata de dos dólmenes colocados dentro de un gran recinto formado a su vez por altos menhires cuya forma recuerda a la de una barca.

Su función es todavía un enigma, aunque se aprecian importantes conexiones con obras análogas de Escandinavia. Tal vez era la tumba de un dignatario y de su séquito, pero la falta de restos humanos y de un conjunto funerario hace difícil de sostener esta hipótesis. Se ha sugerido también una posible función astronómica debido a la presencia de numerosos menhires en pie en las cercanías. Las investigaciones en esta línea no han llegado, sin embargo, a ninguna conclusión válida y, por tanto, el misterio sigue dominando en Schimmer Es.

dar una imagen y un significado al carácter sagrado de la piedra, símbolo de eternidad y materia fundamental de la vida de los hombres que estaban construyendo Europa.

Cuando paganismo y cristianismo se encuentran

La tradición local cuenta que las piedras en pie de Carnac son soldados romanos transformados por San Cornelio, decidido más a detener sus cultos paganos que sus espadas sanguinarias; un paganismo que ha quedado atrapado, sin embargo, dentro de un «revestimiento cristiano», hasta el punto de que en la iglesia parroquial de Carnac el santo está representado dentro de un crónlech (un círculo de piedra constituido por una hilera de menhires) en el acto de bendecir a dos bueyes.

Todavía hoy, cada 13 de septiembre, los campesinos del lugar llevan a bendecir a sus animales a la iglesia local repitiendo un rito probablemente más antiguo que el cristianismo. De hecho, hay quien sostiene que en Carnac los rituales con animales estaban muy extendidos antes incluso de la llegada de los evangelizadores, y que fueron precisamente ellos los que absorbieron en el nuevo culto una tradición ya consolidada en la religión local.

Como San Cornelio, también Santa Genoveva se representa dentro de un crónlech rodeada de numerosos animales domésticos. La persistencia del culto pagano es muy

evidente todavía hoy en la religiosidad local, que se dirige a esta santa para propiciar el parto e invocar la lluvia. Se trata de restos de los antiguos cultos de la fertilidad practicados por las gentes del lugar que, antes del cristianismo, encontraron entre las piedras el sitio más idóneo para pedir ayuda a sus divinidades. Una última consideración: recientemente, los expertos han confirmado que el complejo de Carnac tuvo principalmente una función astronómica, es decir, que fue concebido para realizar observaciones lunares.

Un menhir, es decir, una «piedra larga» perteneciente al complejo megalítico de Carnac. (Fotografía de John Pole)

CHARTRES Y PARÍS

Chartres:
una catedral mítica

Dicen que en el lugar donde se levanta la catedral de Chartres, en Francia, había un templo celta sin identificar, afirmación que la investigación arqueológica no apoya, pero que tiene el mérito de aportar más misterio a la atmósfera que invade este lugar.

Cuando en el siglo III llegaron los primeros cristianos a esta zona, descubrieron una estatua ennegrecida por el tiempo y comenzaron a venerarla como la Virgen Negra. Por eso, la iglesia construida sobre ese lugar se consagró a la Virgen, así como todos los edificios levantados a continuación. La cámara donde se colocó a la Virgen se denominaba la «Gruta de los druidas» y se incluyó en la iglesia, y todo el recinto pasó a llamarse, por motivos que no conocemos, el «Pozo de los fuertes».

En el lugar se construyeron, una sobre otra, seis iglesias: las cinco primeras destruidas por el fuego —la primera en el año 743, la segunda en el 858, la tercera en el 962, la cuarta en 1020 y la quinta, la primera catedral, en 1194—, pero de la construcción de la última, la actual gótica, no se poseen datos seguros, lo que ha alimentado la leyenda.

El inicio de la historia de la catedral de Chartres se relaciona con la figura de Bernardo de Claraval, fundador de la Orden del Císter y valedor de los templarios. La referencia a esta singular orden de caballería es fundamental, porque precisamente a la vuelta de los templarios de Tierra Santa, en 1128, y durante cerca de un siglo, se realizaron en Francia unos ochenta edificios góticos. Y aunque

La catedral de Chartres, uno de los edificios góticos más famosos. (Fotografía de John Pole)

Cristo en el trono en la portada real de la catedral de Chartres. (Fotografía de John Pole)

no existen testimonios concretos, se presume que fueron los templarios los inspiradores del gótico, y hay quien sostiene que precisamente Chartres constituye una de las expresiones más emblemáticas de sus conocimientos, utilizados también hábilmente por los cistercienses, hombres de profunda cultura capaces de codificar en el lenguaje de la arquitectura el saber importado a Europa por los caballeros del Temple.

Quizá nunca sepamos con precisión qué pasó realmente. Sabemos con seguridad que después del incendio de 1194 y en sólo treinta años, el cantero de Chartres fue capaz de realizar un edificio extraordinario, llamado a fascinar por su nivel artístico y esotérico.

Arquitectura y misterio

Según la opinión de los estudiosos del simbolismo, la estructura de la gran catedral, su orientación y posición no serían casuales, sino fruto de un proyecto basado en el lenguaje simbólico de la alquimia. De hecho, siempre según la interpretación esotérica, la estructura del complejo arquitectónico seguiría un planteamiento basado en diseños ligados a una tradición simbólica conocida por pocos. Así, lo que al simple observador parece normal, para los alquimistas alberga secretos y misterios transmitidos siglo tras siglo sólo entre seguidores.

Veamos entonces con más detalle la estructura de la catedral. El centro de la construcción se sitúa entre el segundo y el tercer tramo del coro y coincide con el lugar en que estaba colocado el altar original, trasladado a otro punto en el siglo XVI; las aguas del pozo subterráneo alcanzan un nivel de 37 metros de profundidad bajo el altar, mientras que por encima, a la misma distancia, se encuentra el pináculo de la bóveda gótica donde se encuentran las ojivas cruzadas de una ligereza extraordinaria.

Entre los numerosos misterios debe mencionarse la enigmática losa de piedra rectangular colocada oblicuamente con respecto a las piedras del suelo del ala oeste del transepto meridional. Al mediodía del solsticio de verano, un rayo de sol penetra a través de una pequeña parte del cristal transparente de la vidriera que representa a San Apolinar e ilumina, con una precisión sorprendente, la losa de piedra. Todo esto permite suponer que entre el arquitecto, el vidriero y el maestro cantero existiera un acuerdo tácito, regulado por conocimientos astronómicos que, sin duda, se tomaron en su debida consideración por motivos simbólicos. Además, hay que recordar que la planta de la catedral fue concebida según las proporciones del llamado *número áureo* (1,618). Y así, las distancias entre las columnas y las medidas de la nave, los transeptos y el coro son todas múltiplos de ese número.

111

Otro número dominante es el 72. La astrología afirma que cada 72 años el punto del sol se mueve un grado en el Zodiaco; además, una leyenda celta cuenta que en el templo del Grial había 72 capillas. Y justo 72 son las piedras que completan el rosetón de Chartres.

El 72 representa también un quinto del círculo y eso evoca inmediatamente el carácter sagrado del número 5, que ha asumido un papel importante en el esoterismo simbólico de la arquitectura. Según la tradición esotérica, el 5 sería la representación del hombre (colocado con los brazos y las piernas abiertas) y, al mismo tiempo, la expresión del universo equilibrado: dos ejes, uno vertical y otro horizontal, que pasan por el centro, lugar de perfección y equilibrio.

En el extenso conjunto de decoraciones que constituyen el aparato escultórico de la catedral, hay quien aprecia, además, las pistas para encontrar el Arca de la Alianza, que se cree que fue llevada a Occidente por los templarios.

✳ EL NÚMERO ÁUREO

Si se multiplica por 1,618 la distancia que hay en un adulto desde el ombligo al suelo, se obtiene su estatura, mientras que si se multiplica por 1,618 la distancia del codo a la mano con los dedos extendidos, se obtendrá la longitud del brazo. No sólo eso: el número áureo determinaría también las proporciones en el mundo animal y vegetal.

El concepto del número áureo se remonta a la relación pitagórica entre las matemáticas y la armonía musical, que sugiere, por extensión, que la idea de la belleza puede expresarse con una relación numérica. De ahí el concepto de sección áurea, que los griegos llamaron proporción divina. Encontrar la sección áurea de un segmento (AB) significa individuar un punto —llamado C— en su interior para elaborar la siguiente proporción AC : CB = CB : AB, es decir, que el segmento menor es al mayor como este es a la totalidad.

El lenguaje de piedra de Notre-Dame

La compleja estructura de la catedral de Notre-Dame de París (para cuya realización fueron necesarios muchos años, pues los trabajos comenzaron en 1160 y siguieron durante parte del siglo XIII) parece seguir un itinerario dominado por la simbología. Todo el mundo, afirman los estudiosos, estaba al tanto, de los papas a los reyes, de los jacobinos a

Vista del ábside de la catedral de Notre-Dame. (Fotografía de John Pole)

los comuneros, y todos, aunque con diversos medios, hicieron lo posible para dotar a la imponente iglesia de un papel eminentemente artístico y religioso, pero también de significados propios del lenguaje de la alquimia y el esoterismo.

«En primer lugar, por no citar más que algún ejemplo capital, está fuera de duda que existen pocas páginas de arquitectura más bellas que esta fachada, donde, una parte tras otra, y todas a un mismo tiempo, los tres portales góticos hundidos, el tramo recamado y entallado con las 28 hornacinas reales, el inmenso rosetón central flanqueado por dos ventanas laterales, como el sacerdote por el diácono y el subdiácono [...]. Y todo lo que digamos de la fachada ha de repetirse de toda la iglesia, y lo que digamos de la iglesia catedral de París ha de repetirse de todas las iglesias de la cristiandad de la Edad Media. En este arte surgido de sí mismo, lógico y bien proporcionado, todo está relacionado. Mide el pulgar del pie, es lo mismo que medir el gigante». En este fragmento de *Nuestra Señora de París*, de Víctor Hugo, lenguaje simbólico y poesía se funden perfectamente y confirman lo determinante que ha sido siempre el papel esotérico de esta construcción.

Piénsese, por ejemplo, en la explanada del templo, que en francés se denomina *pavis*, un término que los diccionarios etimológicos indican como variante de «paraíso». Sin embargo, no debemos decir nosotros si se trata del paraíso de la cultura cristiana, el Edén del que fueron expulsados los primeros pecadores y en el que las almas de los justos encontrarán el premio de la vida eterna.

Es posible que los más de quince millones de personas que cada año traspasan el umbral de Notre-Dame sientan inconscientemente la llamada de esa espiritualidad arcaica que alimenta la fe popular. Y no es tampoco descabellado pensar que probablemente el secreto de tanto interés resida en el halo de misterio que emana de la catedral parisina, que afecta a personas de cualquier cul-

Rosetón y tímpano meridional de Notre-Dame. (Fotografía de Antonella Roversi Monaco)

tura y fe. Sea lo que sea, el lenguaje simbólico no se sirve sólo del himno a la pureza y del triunfo de la fe en el dios de la luz. Notre-Dame esconde en su complejo aparato decorativo figuras llenas de misterio y envueltas en un aura diabólica y algo inquietante.

Es representativa, en este sentido, la figura del misterioso Baphometo —una escultura que representa a un demonio cuyo aspecto híbrido enlaza la iconografía diabólica con la de las divinidades paganas—, que ob-

serva con atención la ciudad desde lo alto de las agujas y cuyo secreto es todavía desconocido. Puede que indique que el Mal está siempre al acecho, listo para lanzarse sobre sus víctimas, y que no hay que ignorarlo.

Probablemente el misterio de Notre-Dame está también en nuestras simples, pero fundamentales enseñanzas que, sin demasiadas y complicadas respuestas en lenguaje alquímico, recuerdan a los hombres que Satanás vigila constantemente sobre la ciudad y la gente.

113

FÁTIMA, LA SALETTE, LOURDES Y MEDJUGORJE: LOS LUGARES DE LA REVELACIÓN MARIANA

Los tres secretos de Fátima

El pueblo portugués de Fátima sería probablemente desconocido para la mayoría de no ser porque en 1917 la Virgen se apareció allí y reveló a tres niños —los tres hijos de campesinos locales: Lucía dos Santos, de doce años, Francisco, de nueve, y Jacinta Marto, de siete— misterios que les superaban. Los fenómenos, para ser exactos, sucedieron no lejos de Fátima, en Cova de Iría, el primero de ellos el 13 de mayo de 1917. Las

apariciones de la Virgen fueron seis en total y continuaron hasta octubre del mismo año repitiéndose con regular cadencia el 13 de cada mes.

Como se sabe, la atmósfera sobrenatural que envuelve a Fátima se debe sobre todo a los tres grandes secretos que la Virgen entregó a Lucía dos Santos. Secretos que hoy son de dominio público, pero que, a pesar de todo, siguen siendo motivo de discusión y análisis, y que han transformado el centro de Fátima no sólo en un lugar consagrado a la

fe y el espíritu, sino también en una zona en la que el misterio puede palparse fuertemente en todas sus vertientes, enraizado como está en las cosas y las conciencias.

La advertencia de la Virgen de La Salette

La historia de La Salette, localidad cercana a Grenoble en Francia, comenzó el 19 de febrero de 1846 cuando dos niños, Melania Calvat,

El santuario de Fátima. (Fotografía de Marie-Norbert Jung)

La cueva de la aparición mariana de Lourdes.
(Fotografía de Marie-Norbert Jung)

de quince años, y Maximino Giraud, de once, vieron una masa luminosa y fuego cerca de una fuente mientras daban de pastar a su rebaño; se acercaron prudentemente y descubrieron que la intensa luminosidad era la corona de una bella señora que lloraba.

Muy pronto las apariciones suscitaron gran interés y tuvieron lugar ante un número creciente de fieles que bautizaron a esta localidad «Nuevo Sinaí».

Entre los muchos testimonios recogidos por los pequeños videntes, debe recordarse que la Virgen indicó a todos los fieles la necesidad de redimirse y de observar con más fe los preceptos del cristianismo. En algunas ocasiones, la Virgen fue especialmente clara: «Es necesario que el pueblo se someta, de lo contrario me veré obligada a dejar libre el brazo de mi Hijo». Una advertencia inquietante que, sin embargo, parece que no ha surtido gran efecto en nuestro mundo, atormentado por las guerras y por el casi total desinterés por los temas del espíritu.

La cueva de los milagros de Lourdes

Poco después de las apariciones de La Salette tuvieron lugar las de Lourdes, también en Francia, que se iniciaron en 1858.

La protagonista de este gran milagro fue Bernardette Soubirous, una niña de 14 años que en las 18 visiones acaecidas entre febrero y julio tuvo la oportunidad de conocer dentro de la mística cueva los deseos y secretos de la Madre de Cristo.

La «Bella Señora» de Lourdes, además de animar a la paz y la oración, dejó un testimonio fundamental de su poder transformando la anónima localidad francesa en un lugar de esperanza y curación para miles de fieles.

Desde 1858 es destino de continuas peregrinaciones que cada año conducen a la cueva a enfermos, incluso de gravedad. Entre ellos, algunos recobran milagrosamente la salud después de sumergirse en las aguas de Lourdes. Y puesto que siempre son muchos los que se precipitan en proclamar el milagro, existe una oficina especial de control que vigila los casos de curación: muchos pueden tener una explica-

ción natural y otros son un misterio y dejan sin palabras incluso a los científicos más escépticos.

Los fenómenos milagrosos de Medjugorje

El último centro mundial de apariciones marianas es Medjugorje, donde la Virgen, desde el 24 de junio de 1981, comunica sus mensajes a un grupo de místicos locales. Desde entonces, el fenómeno ha asumido proporciones enormes e incluye a fieles que vienen de todas partes del mundo en busca de una respuesta, un milagro, un testimonio. En esta franja de tierra golpeada por las guerras, el flujo de peregrinos no parece que vaya a disminuir y son numerosas las curaciones, si bien no se han reconocido oficialmente. Entre los numerosos fenómenos milagrosos, deben mencionarse los giros solares, las imágenes de la Virgen impresas en las películas de las cámaras fotográficas y los mensajes apocalípticos recibidos por algunos místicos: toda una serie de manifestaciones que convierten a Medjugorje en una de las localidades donde el milagro es parte integrante de la vida diaria.

115

GRAN BRETAÑA:
LA TIERRA DE LOS GIGANTES

Los gigantes de Cerne Abbas y Wilmington

Sobre las colinas que se extienden en el área comprendida entre Londres, Oxford, Yeavil y Brighton se hallan unas misteriosas figuras realizadas para ser observadas desde lo alto.

La obra más original se encuentra cerca del pueblo de Cerne Abbas, en el condado de Dorset, y representa a un hombre de 55 metros de alto, desnudo, con un evidente falo erecto y un garrote nudoso (de 37 metros de largo) sujeto con la mano derecha. Una figura insólita en torno a la cual han surgido muchas hipótesis interpretativas y no pocas leyendas. Se dice que en un tiempo, entre los pies del gigante, había una frase, *Jehová / Jesus hoc destruxit* («Dios lo destruyó»), colocada quizá en los primeros siglos del cristianismo para exorcizar las influencias negativas de esa extraordinaria huella del paganismo.

El singular monumento, realizado con gran maestría, pertenecería a la cultura celta y es posible que represente a una divinidad autóctona con características similares a las del más conocido Hércules griego, cuyas gestas y culto llegaron a esta franja de Europa a través de los legionarios romanos. El gigante podría representar, sin embargo, al dios celta Ogma, protector de la elocuencia e inventor de la escritura, asimilado a Hércules y representado con la piel de una fiera y un garrote. Pero las figuras de este género no son raras en el norte de Europa, así que es posible que el gigante con esas características iconográficas constituya un símbolo recurrente en los cultos locales.

La tradición popular cuenta que en esas zonas vivía un peligroso gigante que sembraba el terror y que tenía la mala costumbre de destruir los cultivos y de calmar su insaciable hambre con las ovejas que criaban las gentes del lugar. Un día se paró a descansar en la colina de Cerne Abbas y se quedó dormido; entonces los hombres lo mataron y trazaron con tiza el contorno de su figura,

como recuerdo imperecedero, para que sus descendientes no olvidaran los peligros que habían corrido sus antepasados para liberar a esas tierras del temido gigante.

Otro misterioso gigante se encuentra en la colina de Windover, cerca de Wilmington, en el condado de Sussex. Llamado localmente el «hombre largo», mide 70 metros y tiene los brazos abiertos sujetando

El gigante de Cerne Abbas

dos bastones. Según los estudiosos, el origen de esta gran obra, restaurada en 1874, puede situarse entre dos mil y dos mil quinientos años atrás. En la zona hay quien dice que es la representación de San Pablo, pero para otros se trataría de un gigante. Recientemente han aparecido hipótesis ufológicas que relacionan al gran ser con los extraterrestres.

Los caballos gigantes de Uffington y Bratton

Si nos dirigimos a Uffington, en el condado de Berkshire, y a Bratton, cerca de Westbury, encontramos otras dos enormes figuras, esta vez de caballos. El primero, de 111 metros de largo, fue realizado probablemente durante la Edad del Hierro, hacia el año 100 a. de C., y se atribuye a la cultura de los celtas debido a que se han encontrado efigies similares de caballos estilizados en las monedas celtas. Además, en las proximidades se ha descubierto un poblado celta del mismo periodo. Tradicionalmente, cada siete años, en la semana de Pentecostés, el contorno de cal del caballo de Uffington se limpiaba de hierba y ramas por los habitantes del pueblo cercano. Una práctica de conservación que se acompañaba de una fiesta que incluía juegos de habilidad y banquetes. Esta tradición se interrumpió a mediados del siglo XIX, aunque durante un cierto

El gigante de Wilmington

tiempo se mantuvo el rito de lanzar ruedas por la pendiente, una prueba muy antigua de celebración del solsticio; esta práctica, una vez más probablemente de origen precelta, encontró su máxima expresión en el lanzamiento de grandes ruedas de madera encendidas y a menudo con guirnaldas que, a modo de sol, querían indicar ritualmente el inicio del nuevo año astronómico y propiciar el paso a un nuevo y favorable curso del astro.

El segundo caballo es, en cambio, una obra reciente —de la segunda mitad del siglo XVIII—, realizada sobre las escasas huellas todavía visibles de un dibujo similar más antiguo. Algunos arqueólogos actualmente suponen que la figura anterior podría remontarse al siglo IX d. de C., pero hay también quien apoya una fecha más antigua, de nuevo relacionada con los celtas.

✺ PARA PROPICIAR LA FECUNDIDAD

En general se cree que las figuras de los gigantes son un testimonio muy antiguo, previo al cristianismo, relacionado con los cultos a la fecundidad. Apoya esta tesis la permanencia de algunos rituales practicados todavía a comienzos del siglo XXI por los campesinos locales.

El más difundido y sorprendente era aquel en que participaban las mujeres estériles que se tumbaban sobre el falo del gigante y practicaban un rito simbólico para propiciar la fecundidad. Una práctica muy difundida en Europa central y del norte tenía que ver con las grandes piedras sacralizadas, sobre las que las mujeres acostumbraban a frotar el vientre o deslizarse, siempre para favorecer la fertilidad.

Además, el hecho de que estas «construcciones» se hayan conservado durante tanto tiempo puede considerarse una señal importante de su papel en el seno de la comunidad local.

117

GRECIA

Patmos, la isla donde Dios anunció el «fin del mundo»

Juan, el autor del Apocalipsis, fue arrestado en la época de las grandes persecuciones de Domiciano y exiliado en Patmos, una pequeña isla de apenas 34 kilómetros cuadrados en el archipiélago egeo, a unos 60 kilómetros de Éfeso. Y fue precisamente en esta porción de tierra —más concretamente en la Cueva del Apocalipsis, el lugar más sugerente de Patmos—, donde el evangelista recibió el mensaje simbólico que le permitió escribir el libro que pone fin al Nuevo Testamento. Todavía hoy la cueva —transformada en una pequeña iglesia ortodoxa— conserva un halo de misterio que no se escapa ni siquiera al visitante más distraído. Es

La isla de Patmos en un grabado del siglo XVII

Una vista del teatro de Delfos. (Fotografía de E. Gueyne)

LA PREDICCIÓN DEL APOCALIPSIS

Sobre el Apocalipsis se cierne el peso de un equívoco hermenéutico que ha marcado con un tono no siempre objetivo el contenido de esta «revelación». El Apocalipsis, de hecho, no es un texto críptico que recoge alegóricamente los aspectos importantes del fin del mundo, sino un itinerario teológico que indica el final de la historia. Además, en él no sólo está incluida la idea del castigo y la pena, sino que también contiene la esperanza en la fe y en Dios. Desde cierto punto de vista, Juan puede considerarse el autor que ha proporcionado al Anticristo características objetivas dentro del Nuevo Testamento, características destinadas a ofrecer una especie de estereotipo para toda la tradición escatológica siguiente. En cualquier caso, el Apocalipsis es un texto que, repleto de símbolos, parece responder, si bien superficialmente, a las preguntas del hombre angustiado y consciente de su precariedad en cuanto a su propia suerte se refiere. Está dividido en veintidós capítulos repartidos en tres secciones: introducción, parte profética y epílogo. Después de una primera visión introductoria, en la que el autor ilustra sus intenciones y la inspiración divina base de la obra, el libro se abre con las siete cartas a las iglesias de Asia, a las que sigue la visión de los sellos que precede a la batalla entre Dios y Satanás. Los cuatro primeros sellos pertenecen a los jinetes del Apocalipsis, figuras llenas de reminiscencias simbólicas: «Se le dio potestad para llevar el exterminio a la cuarta parte de la Tierra con la espada, el hambre, la peste y las fieras de la Tierra». Con la abertura del séptimo sello se da comienzo al sonido de la primera de las siete plagas, que determinan una secuencia de castigos conectados estructuralmente a las plagas de Egipto. En los capítulos colocados entre el septenario de las trompetas y el siguiente —de las copas de la ira—, se incluye la descripción del ataque de las fuerzas infernales que pretenden oponerse a Dios y encontrar nuevos adeptos para su nefasta obra. A este hecho sigue la dominación del dragón, que intenta devorar al hijo de la Virgen, futuro Mesías; pero el símbolo del mal encuentra un obstáculo en Miguel. El dragón recurre entonces a dos terribles bestias para tratar de combatir de nuevo contra Dios. La bestia que sale del mar es considerada el símbolo del Anticristo y la que procede de la tierra se identifica con una especie de pseudoprofeta encargado de preparar la venida del Anticristo. En este preciso momento la narración incluye la voz celestial que anuncia el juicio ya próximo, y el cielo se llena de un signo extraordinario: «Siete ángeles que llevaban siete plagas, las últimas, porque con ellas se consuma el furor de Dios». Con el último septenario de la ira de Dios —las copas—, los pecadores averiguan los efectos de su conducta y su decadencia moral. En el encuentro final, la bestia y el falso profeta sufren una gran derrota y son arrojados al abismo del fuego. En este punto, Satanás es encadenado por un periodo de mil años, al término del cual será liberado y buscará, entre las gentes de Gog y Magog, nuevos aliados para reorganizar su lucha contra Dios. Pero su poder será limitado y al final también el demonio será arrojado al abismo del fuego donde se encuentran el Anticristo y el falso profeta.

Después de vencer al maligno vendrá el tiempo de la Resurrección universal y del Juicio Final, con la llegada de la Jerusalén celeste. En espera de ese momento, es importante que el contenido del Apocalipsis sea meditado y, sobre todo, ofrezca la ocasión para mirar al futuro con objetividad.

Juan recibiendo el Apocalipsis en un grabado de Durero

difícil afirmar con certeza si fue justo ese el lugar donde Juan tuvo contacto con el ángel del Señor. Lo cierto es que al entrar en la caverna de Patmos se percibe la influencia de un mito antiguo como el hombre, entretejido con sugestiones y atávicas reminiscencias. En la cueva, los «signos de la divinidad» son apreciables realmente en una extraña fisura de la piedra —ya desgastada por las manos de los millares de fieles que en tantos siglos han visitado el lugar—, considerada el «canal» a través del cual Juan escuchaba todo lo que la «voz poderosa» le decía.

Delfos y el ombligo del mundo

Colocado en una situación privilegiada desde el punto de vista de la relación entre lugar y sacralidad, bajo los acantilados del monte Parnaso y sobre el valle del río Plisto, Delfos puede considerarse uno de los lugares griegos más importantes para la religión. El Templo de Apolo, situado a 570 metros sobre el nivel del mar, era la sede del Oráculo de Delfos, donde la pitonisa Pizia entraba en trance y se comunicaba con la divinidad. Su voz, no siempre inteligible, era traducida por los

sacerdotes, que transmitían los mensajes a quienes preguntaran.

Según la tradición, en el templo estaba el llamado «ombligo del mundo» (*omphalos* en griego). Cuenta la leyenda que Zeus había ordenado a dos águilas que volaran a su encuentro a la misma velocidad partiendo de extremos opuestos del mundo, al este y al oeste, y que las águilas se encontraron en el lugar que desde entonces fue considerado el ombligo del mundo, es decir, el Templo de Apolo en Delfos. Y precisamente en el templo, todavía hoy, se conservan dos copias de de los cimientos y poco a poco suben los pisos».

El gran coloso que ya no existe sigue siendo, de todas formas, motivo de importantes intereses para muchos turistas y apasionados de los misterios que en esa pequeña isla de las Espóradas meridionales, enclavada entre Turquía y Creta, buscan

El yacimiento arqueológico de Delfos. (Fotografía de E. Gueyne)

El mítico coloso de Rodas en un grabado del siglo XVI

la piedra que representa a este centro del universo, con forma de medio huevo y cubierta de una densa red de hilos anudados esculpidos sobre la superficie. Se dice también que la piedra era la que Rea entregó a Cronos en lugar de a Zeus, y que fue arrojada lejos por el dios, o también la piedra sepulcral de Dionisos.

En el principio fue el Coloso de Rodas

«Rodas es una isla. Estuvo bajo las aguas mucho tiempo, pero después Helios la descubrió y pidió a los dioses que fuera suya. En esta isla se encuentra un coloso, de 36 metros de altura, que representa a Helios.

Se sabe que es la estatua de Helios porque tiene sus rasgos distintivos». Así cita Filón en su descripción de las siete maravillas del mundo a aquel mítico coloso que para algunos autores contemporáneos no habría existido jamás y sería producto simplemente de la invención y la mitología. Sigue Filón: «Fue construida una base de mármol y sobre ella colocó [el escultor] los pies hasta los huesos del tobillo. Ya había concebido en su mente las proporciones con que debía ser construido el dios de 36 metros. Como las plantas de los pies sobre la base eran ya más grandes que las de otras estatuas, era imposible levantarlo y colocarlo encima. Los tobillos debían pegarse ya encima, igual que se hace para construir las casas, el trabajo parte

el eco de una historia antigua que rezuma mitología. La tradición cuenta que el Coloso de Rodas estaba orientado hacia el mar. Figura masculina inmensa y solitaria, con las piernas abiertas hacía de arco de entrada al puerto, con un pie en tierra firme y el otro sobre el muelle, en el lugar donde todavía hoy se puede ver lo que queda de la fortaleza de los Caballeros Hospitalarios.

A pesar de la falta de restos arqueológicos, hay testimonios de la existencia de esta «maravilla del mundo» suministrados sobre todo por los viajeros y peregrinos que, durante sus viajes hacia Tierra Santa, hacían escala en la isla de Rodas, última avanzadilla occidental antes de desembarcar en el misterioso mundo oriental.

120

LAGO NESS

El «monstruo» lacustre más famoso del mundo

El Lago Ness, en Escocia, es muy hermoso: estrecho y largo, con las orillas bordadas con centenares de especies de flores, forma parte del canal de Calcedonia realizado en el siglo XVIII para facilitar los intercambios aprovechando una serie de lagos naturales.

La descripción del monstruo del Lago Ness tiene rasgos en común con la mitología de los monstruos marinos

121

Las apariciones del «monstruo» del Lago Ness —llamado familiarmente *Nessie* por los lugareños— tienen una larga historia. La primera oficialmente documentada se remonta al año 565 d. de C. y está incluida en la biografía de San Columba, que vio en la orilla del lago cómo un extraño monstruo salido de las aguas devoraba a un hombre.

La historia moderna de Nessie se inicia, sin embargo, en torno a los años treinta del siglo XIX, cuando diversos testigos afirman haber visto cerca del lago un ser monstruoso. El hecho levantó un gran revuelo, hasta el punto de que hubo un director de circo que ofreció veinte mil libras esterlinas a quien capturara a ese extraño ser; e incluso la política se interesó por él, tanto que un diputado pidió abrir una investigación para aclarar el misterio del Lago Ness.

Los testimonios crecieron espectacularmente y en poco tiempo la lista de los que decían haber visto algo en el lago fue enorme. ¡Incluso hubo un periodista al que el monstruo se le apareció dos veces en la misma semana!

En 1934 Nessie fue fotografiado por primera vez por el médico Robert Kennet Wilson, que difundió la fotografía por los círculos científicos.

Los zoológicos compararon la figura de la fotografía con la de un plesiosaurio (animal extinguido hace unos 75 millones de años). Pocos años después, un testigo tuvo la oportunidad de observar atentamente al monstruo en sus apariciones. Los elementos anatómicos descritos por el hombre parecían confirmar que la criatura tenía todas las características para relacionarla, efectivamente, con uno de los grandes saurios del Pleistoceno.

Y las apariciones continúan

Recientemente, incluso la tecnología ha aportado instrumentos para comprobar la existencia de Nessie. El sónar de un pesquero que navegaba por el lago señaló, a una profundidad de unos 150 metros, un perfil de al menos 15 metros de largo que a los testigos les pareció «una gran lagartija con muchas patas».

A comienzos de los años sesenta las universidades de Oxford y Cambridge organizaron dos expediciones para sondar con sofisticados instrumentos los fondos del lago. No faltaron los descubrimientos insólitos, «formas de grandes dimensiones» que, sin embargo, no fue posible definir con precisión. Simultáneamente, algunos pesqueros y testigos desde tierra señalaron la presencia de Nessie, pero ninguno lamentablemente pudo fotografiarlo.

En 1968 un sónar del Departamento de Ingeniería de la Universidad de Birmingham señaló la presencia de un cuerpo en movimiento que se desplazaba por el fondo del lago a una velocidad de 10 nudos (unos 19 km/h). Después, en 1972, el monstruo fue fotografiado por segunda vez —la imagen presentaba muchas analogías con la de Wilson—, y en 1975 se tomaron una serie de fotografías submarinas. Las imágenes no eran muy claras, pero en alguna se vislumbraba una figura que presentaba similitudes, una vez más, con la estructura anatómica del plesiosaurio, es decir, un animal con una pequeña cabeza seguida de un largo cuello que emerge de las aguas.

Hipótesis, hipótesis y más hipótesis

La hipótesis de que en el lago pueda existir todavía una criatura de ese tipo, un superviviente de la línea evolutiva de los plesiosaurios, parece, sin embargo, poco creíble y difícilmente sostenible científicamente.

Estos grandes reptiles prehistóricos tenían que depositar los huevos en tierra firme, lo que significa que el monstruo del Lago Ness debería crear «un cierto movimiento» que no podría por más que atraer la atención

---

✠ «EL MONSTRUO MOVÍA LA CABEZA DE DERECHA A IZQUIERDA»

Veamos la descripción facilitada en 1934 por Arthur Grant, estudiante de Medicina en Edimburgo, que circulaba con su motocicleta por la orilla del lago la noche del 5 al 6 de enero:

«Poco antes de la una, atravesé Abriachan y observé de repente, a 50 yardas [unos 50 metros], una gran masa oscura extendida en el lado derecho de la carretera. La masa se movió y pensé enseguida que se trataba del monstruo. Paré la moto y dirigí la luz del faro hacia allí. El monstruo movía la cabeza de derecha a izquierda. De un salto alcanzó el centro de la carretera, avanzando con las patas traseras que, a diferencia de las delanteras, eran palmeadas. La cabeza, de nuca triangular, era como la de las serpientes. El cuerpo me pareció desproporcionado para la cabeza. El animal tenía la parte trasera ancha y grande.

La cola era gruesa y ligeramente plegada hacia dentro en la punta. La longitud total del animal, de la cabeza a la punta de la cola, era de unos 18 pies [unos 5 metros y medio], seguramente no más de 20. En cuanto al color de la piel era grisácea, casi negra y recordaba a la de una ballena. Mientras pude observar, la bestia trepó al terraplén que separaba la carretera del lago, y se tiró de golpe al agua. Dejé la moto y corrí detrás, pero sólo pude ver ondas que parecían provocadas por una patrullera».

⊗ LOS PARIENTES DE NESSIE

Se han señalado parientes próximos del monstruo del Lago Ness en el lago Zegrybs-ki, en Polonia, y en el lago Labinkir, en Siberia. El primero se describe como «una bestia enorme, con una gran cabeza negra y orejas similares a las de los conejos»; el segundo, como una enorme serpiente de mar, emite un extraño sonido «similar al llanto de un niño». Probablemente se trata de antepasados lejanos de un ser im-probable que han creado colonias en lugares menos frecuentados y todavía no arrastrados por la sofocante curiosidad de los turistas que abarrotan el Lago Ness.

También en las proximidades del lago Storsjon, en Suecia, se observaron al-gunos «monstruos» en el siglo XIX.

de la población local. Sin embargo, al no existir testimonio en este sentido, parece cuando menos improbable pensar en la posible supervivencia de un grupo de estos animales, si bien algunos han sugerido que la especie podría haber evolucionado en cuanto a la ovoviviparidad (es decir, abriéndose el huevo dentro del cuer-po materno) como los ictiosaurios, los dinosaurios marinos.

No hay que olvidar, además, que para sobrevivir, una población necesita, por más exigua que sea, de varios individuos. ¿Cómo es posible justificar entonces el escaso número de apariciones si realmente en el lago hubiera varios animales de grandes dimensiones formando una comunidad?

Como alternativa se ha lanzado la hipótesis que identifica a Nessie con un cetáceo de características primitivas —un basilosaurio— que se habría extinguido, sin embargo, hace 25 millones de años. Otros estudiosos sostienen, en cambio, en relación con las observaciones realizadas en algunos lagos de América del Norte, que la línea evolutiva de los basilosaurios ha sobrevivido hasta nuestros días, aunque con modificaciones y va-riaciones.

Por último, se ha aventurado también la hipótesis de que, en rea-lidad, Nessie sea un submarino nazi que se infiltró a escondidas en las tranquilas aguas del lago para cum-plir misteriosas misiones de espio-naje.

⊗ LA BESTIA DE GÉVAUDAN

En el siglo XVIII los campos france-ses de Gévaudan se vieron conmo-cionados por las correrías de una misteriosa «bestia» que ocasionó numerosas víctimas, pero que siempre logró escapar de los caza-dores que la acosaban.

Se habló de un lobo de gigantes-cas dimensiones, pero en realidad qué o quién era la «bestia de Gévaudan» sigue siendo un miste-rio. En la crónica del abad Pour-cher, Histoire de la Bête du Gé-vaudan, el miedo colectivo se hace palpable y se aprecia con claridad la angustia que surge normalmente ante el abismo sin nombre en que se acomodan nuestras naturales in-seguridades.

La caza continuó durante vein-tidós años y más de cien personas acabaron despedazadas por esa criatura que muchos llamaban ani-

La bestia de Gévaudan en un grabado del siglo XVIII. Una de las muchas hipótesis sobre la naturaleza de este animal, después identificado con una especie de lince, era que se trataba de un licántropo

mal, pero tras la cual, a medida que el tiempo pasaba, la mayoría creía entrever un algo extrañamente humano. De hecho, basta con echar un vistazo a las ilustraciones de la época para darse cuenta de dos aspectos antropológicos muy importantes: el primero tiene que ver con la forma del animal, que aparece representado y descrito en posición erecta, por tanto, caracte-rizado con importantes valores antropomorfos, y el segundo, con sus impresionantes dimensiones, muy superiores a las de un lobo normal.

NÁPOLES

La inquietante capilla de San Severo

En torno a 1748, Federico II de Prusia envió una carta a un noble napolitano para felicitarlo por su ensayo *Práctica de los ejercicios militares para la infantería*, y reconocerle unas dotes extraordinarias que superaban a las de los generales prusianos. El destinatario de esa carta era Raimondo de Sangro, príncipe de San Severo, nacido el 30 de enero de 1710 en Torre Maggiore de Foggia, en Italia. Un hombre de gran valor, una mente genial que se dedicó con éxito a muchas ciencias y que despertó curiosidad y reserva en sus coetáneos, que dieron forma a una especie de mito cuyo eco ha llegado hasta nuestros días. Probablemente también las historias que se cuentan sobre su fantasma, visto en la capilla que toma su nombre, son producto de esta mitología.

La capilla de San Severo es una obra del siglo XVI que se encuentra en el centro histórico de Nápoles, contigua al palacio del mismo nombre. Llamada «La Pietatella», fue edificada como mausoleo de una familia en 1590 por Giovanni Francesco de Sangro para agradecer a la Virgen una gracia recibida, pero quien la convirtió en única fue, en el siglo XVII, su sobrino nieto Raimondo, que la mandó restaurar entre 1749 y 1771.

A decir de los estudiosos, el edificio no es sólo una obra maestra del barroco tardío, sino un auténtico recorrido esotérico completado por un maremágnum de símbolos donde el arte y la alquimia parecen fundirse en un único lenguaje lleno de misterio. Puntos clave son estatuas

Alegoría del «Desengaño», escultura de la capilla de San Severo

como el «Cristo velado», el «Desengaño» y la «Pudicia», que, al margen de su valor estético, son alegorías esotéricas muy precisas que evidencian llamadas al universo iniciático de cuyos secretos el príncipe fue un prestigioso depositario.

La historia de una leyenda

Raimondo de Sangro fue enviado a los diez años por su padre al Colegio Clementino de los jesuitas en Roma, donde estudió matemáticas, hidro-estática, filosofía, perspectiva y derecho civil y canónico, y donde, en 1744, obtuvo la autorización papal para leer algunos «libros prohibidos» que luego fueron determinantes en su formación. Políglota —conocía también el árabe y el hebreo—, fue estudioso de ciencias y experto en mecánica y anatomía, y el colegio se convirtió para él en una especie de segunda casa (en efecto, su casa estaba conectada a él por un pasaje que se desplomó repentinamente y sin causa aparente en 1889).

Ecléctico inventor, realizó también algunos instrumentos realmente innovadores para la época, como la característica «luz eterna», una especie de lámpara que podía permanecer encendida muchos meses «sin que disminuyera el peso de la sustancia que alimentaba la llama». En sus memorias, el príncipe cuenta que ese descubrimiento sucedió por casualidad en el curso de un experimento y que el combustible estaba realizado con «los huesos del animal más noble que hay sobre la Tierra; y los mejores son los de la cabeza, de los que me he servido». Según la tradición popular de la época, el citado «animal más noble» podría ser el hombre, lo que naturalmente rodea de un aura inquietante los experimentos realizados por el príncipe, observados con cierta aprensión por la Iglesia del momento.

Otro ejemplo igual de extraño del trabajo del príncipe está todavía presente en la cripta de su capilla, lugar donde además se localizan principalmente las apariciones de su fantasma. En esta cavidad subterránea se encuentran las misteriosas «máquinas anatómicas», es decir, dos cuerpos negroides (uno de hombre y otro de mujer) que son esqueletos en los que se observa con sorprendente precisión todo el sistema vascular.

No sabemos cómo se realizó el experimento, ni si los dos «modelos» estaban ya muertos cuando se efectuó. Algunos incluso creen en la hipótesis de la reconstrucción realizada por un médico anatomista con cera de abejas y otros materiales. La tradición, sin embargo, considera que se trata de personas fallecidas accidentalmente a las que Sangro habría inoculado una sustancia capaz de «metalizar» el sistema circulatorio y varios órganos. Otros objetan que para permitir a la sustancia fijadora solidificar los dos aparatos circulatorios, la circulación sanguínea debía estar activa y el corazón en funcionamiento. De ahí que una leyenda cuente que el propio príncipe inyectó un misterioso líquido en las venas de sus sirvientes, todavía vivos, para lograr después petrificar las venas, arterias y capilares de los dos experimentos humanos, que todavía están allí, como dos estatuas horrendas, para seguir dando fe del misterio de Raimondo de Sangro, príncipe de San Severo.

Cuma y la Galería de las Voces

Cuma, que se asoma al golfo de Nápoles, era la colonia griega más antigua de la Italia continental. Sus ruinas aparecen a unos 20 kilómetros de la capital partenopea. Aquí se encuentra todavía hoy la que tradicionalmente se identifica como la Cueva de la Sibila, una obra constituida por dos galerías, una de 180 metros de longitud y provista de pozos de luz y cisternas de agua —y que culmina en un vestíbulo con asientos excavados en la roca—, y la otra de algo más de 100. Es probable que este ambiente favoreciera un estado de exaltación mental para ponerse en contacto con esa entidad mítica, escondida en el vientre de tierra y piedra, de la que se obtenían vaticinios capaces de desvelar secretos al común de los mortales que sólo los dioses conocían.

«El flanco inmenso de la roca eubea se abre en un antro / al que llevan cien amplias entradas, cien puertas / por donde salen otras tantas voces, las respuestas de la Sibila». Y con estos pocos pero precisos versos, Virgilio describe ese ambiente inquietante donde los «efectos especiales» producidos por los pozos de luz y el eco de las galerías condicionaban sin duda a cuantos se internaban en la oscura galería para buscar respuestas sobre su futuro.

Dispensadora de oráculos

La figura de la Sibila fue muy importante en el mundo antiguo, al igual que sus profecías. Inspirada por la divinidad ofrecía oráculos poderosos y la repercusión de sus palabras superaba las barreras del tiempo. Según la etimología aportada por Marco Terencio Varrón, seguida por todos los autores posteriores, el nombre *Sibila* deriva del dialecto eólico *sisis*, «dioses», y *boullan*, «consejo». La Sibila Marpesa habría dado nombre a todas las mujeres-oráculo.

La leyenda atribuía a las sibilas una vida extraordinariamente larga. La Sibila Eritrea, hija de Theodorus y de una ninfa, se hizo adulta en cuanto nació, empezó a profetizar y, contra su voluntad, fue consagrada a Apolo por sus padres; habría vivido nueve vidas, cada una de 110 años. Según algunos autores, la Sibila Cumana es la propia Eritrea, que se habría trasladado a Cuma, porque Apolo le concedió vivir tantos años como granos de arena pudiera contener en la mano, a condición de que no tocara nunca más la tierra de Eritrea. Murió cuando los eritreos le enviaron una carta con un sello hecho precisamente con esa tierra.

⊕ EN PALABRAS DEL FILÓSOFO

A propósito del príncipe de San Severo, Benedetto Croce, en su libro Historias y leyendas napolitanas, *escribía: «Mató a siete cardenales y con sus huesos construyó sillas, mientras que con la piel, oportunamente curtida, cubrió los asientos [...]. Cuando sintió cercana la muerte, se preparó para asegurarse la resurrección. Ordenó que un esclavo moro le cortara a trozos e hiciera una caja de la que saldría vivo y sano en un tiempo fijado. La familia, sin embargo, a la que él había ocultado todo, buscó la caja y la destapó antes de tiempo, cuando los trozos del cuerpo estaban todavía en proceso de soldado. El príncipe, como si se despertara del sueño, hizo por levantarse, pero cayó enseguida, lanzando un grito horrible».*

125

EL NORTE DE EUROPA
Y LAS GRANDES PIEDRAS DEL MISTERIO

Los barcos de piedra de Gotland

Desde la Edad de Hierro hasta la Edad Media, la gran isla de Gotland, en Suecia, ocupó un papel fundamental. De hecho se encuentra en un área de tránsito marítimo importante que la convertía en un punto cardinal dentro del mar Báltico. Y los barcos, desde los míticos de los vikingos hasta los que en el pasado surcaban las gélidas aguas con sus cargas de especias y mercancías preciosas, tuvieron un papel importante en la cultura de las gentes del lugar, convirtiéndose en un tema fundamental también en el imaginario colectivo.

De modo que este puede ser uno de los motivos que han llevado a la creación, en Gotland, de un auténtico «cementerio de barcos». Un enigma ante el que se plantean, obviamente, variadas hipótesis, y que sigue siendo motivo de discusión entre los arqueólogos. Las «tumbas en forma de barco» presentes en la

También en Dinamarca existen tumbas con forma de embarcaciones, como en la necrópolis de Lindholm Hoje. (Fotografía de L. Maisant / Diaporama)

isla son cerca de 350. Se trata de construcciones simbólicas realizadas con piedras en pie que forman la planta de una nave con la proa alta y los flancos inclinados. En realidad, un modelo que recuerda a la nave vikinga en la que sin duda los constructores de las embarcaciones se inspiraron. En la isla se encuentran muchísimas, algunas de dimensiones extraordinarias como la de Gnisvard, que mide 43 metros de largo y 7 de ancho.

La función de los barcos de piedra fue ritual y sabemos poco de ella: se construyeron para viajar a la ultratumba y, por tanto, perderse en el mito, donde aún hoy surcan las aguas de la fantasía.

La tumba-observatorio de Newgrange

La tumba de Newgrange, no muy lejos de Dublín, en Irlanda, se remonta al 3000 a. de C. En un principio estaba cubierta por un gran túmulo oval de 14 metros (hoy mide 9) con un eje de casi 80, y la colina en la que se encuentra estaba constituida por unos doscientos mil cantos rodados procedentes del cercano río Boyne. A lo largo del perímetro exterior hay todavía un centenar de piedras de barrera (en el pasado, el túmulo estaba rodeado por otro círculo lítico).

A la entrada hay una gran roca —de más de 3 metros de largo y 1,5 de alto— en la que se han grabado espirales, y en las piedras de las paredes interiores se aprecian otros motivos decorativos.

Al alba del solsticio de invierno, el 21 de diciembre, los rayos de sol penetran dentro del túmulo a través de una grieta que hay en la en-

✖ EL SECRETO DEL LABERINTO DE CNOSOS

Desde la Antigüedad, el laberinto ha sido un poderoso instrumento para representar algunos temas fundamentales: el nacimiento, la muerte, el vientre materno, la iniciación, etc. Un símbolo de eternidad, una metáfora del universo y del hombre considerados entidades en perpetuo cambio.

Por lo general, los laberintos se basan en un diseño único trazado en varios puntos del planeta simultáneamente y de forma similar: la espiral.

Los más antiguos están grabados en rocas y representan una figura con siete vueltas o anillos que encontramos, idénticos, en las monedas de Cnosos conservadas en el British Museum de Londres y que se realizaron desde el siglo IV a. de C. hasta el I d. de C.

Sin embargo, en la actualidad los científicos defienden la hipótesis de que la espiral es un modelo localizable en varias partes del mundo, donde cada una de estas figuras se realizó con independencia del resto.

En cualquier caso, fue con Teseo y el Minotauro, cuya historia está ambientada en la ciudad de Cnosos, en Creta, cuando el laberinto alcanzó su propia fama destinada a difundirse en el tiempo.

El mito narra que el Minotauro, mitad hombre y mitad toro, obligaba a los atenienses a aportar un pesado tributo cada nueve años de catorce vidas humanas, siete muchachos y siete muchachas. El lugar donde se ocultaba el terrible monstruo ávido de sangre era precisamente el laberinto, realizado por el arquitecto Dédalo.

Teseo, héroe ateniense, se ofreció a ser una de las víctimas y gracias a la colaboración de Dédalo y de la hija de Minos, Ariadna, el joven extendió un largo hilo por el recorrido y logró encontrar la salida del laberinto después de matar al Minotauro.

En la Metamorfosis, Ovidio recordaba que Dédalo «el maestro de arquitectura fabrica el laberinto, pero suprime cualquier marca y provoca la confusión de los ojos con la maraña de muchas vías y los muchos giros y las innumerables idas y venidas. A duras penas habría encontrado él mismo la salida, de tan engañosa como es la disposición del edificio».

La planta del palacio de Cnosos, que puede visitarse, se denomina labrys, nombre que deriva de la doble hacha que se encuentra todavía en muchas decoraciones del arte cretense y que se utilizaba como instrumento ritual en los cultos del toro, del que tiende a imitar los cuernos, desde un punto de vista iconográfico. Por tanto, si el significado más arcaico de la palabra laberinto es «casa del hacha de doble filo», quizá podría buscarse ahí la extensión del significado de una palabra que, de la espiral, figura plana, ha pasado a indicar un enredo tridimensional que nunca ha faltado en el seno de culturas muy diversas.

El combate entre Teseo y el Minotauro dentro del laberinto tal y como lo imaginó un miniaturista del siglo XII. (Fotografía de Antonella Roversi Monaco)

127

La entrada al gran túmulo de Newgrange

trada e iluminan durante aproximadamente 20 minutos la cámara interior.

Las misteriosas decoraciones —espirales, rombos y líneas zigzagueantes— se convierten así en materia viva y parecen desprenderse de la piedra para adquirir voz propia y participar en la celebración del misterio de la repetición de las estaciones.

La importancia de este túmulo resulta todavía más evidente si se observa un mapa de la zona. Entonces se descubre que el lugar, enclavado en el valle del Boyne, constituye la parte central de un amplio conjunto considerado de enorme interés astronómico por los arqueólogos.

Al observar el «mapa» de Newgrange desde los cercanos túmulos de Dowth y Knowth y desde otros muchos más pequeños colocados en las proximidades, se pueden reconocer alineamientos con los puntos cardinales y con los principales puntos que indican las posiciones del sol y la luna.

El pequeño pueblo de Jutlandia

En Jutlandia, Dinamarca, se encuentra la Troldkirken, que literalmente significa «iglesia de los gnomos». Se trata de un círculo de piedras con una función todavía sin aclarar por los arqueólogos, mientras que la tradición local, como se deduce del nombre, considera el lugar una especie de templo de gnomos. Siempre según el folclore danés, en esta área estaría el acceso a una gran forja subterránea en la que los gnomos, desde tiempos inmemoriales, trabajan los metales para los héroes.

En Ølandsgaarden se encuentra también un túmulo en cuyo interior hay grabados sobre la piedra dos grandes barcos rodeados de círculos concéntricos. También en este caso las hipótesis son numerosas, algunas sugerentes, pero realmente no se conocen los motivos que empujaron a los antiguos daneses a realizarlas. Quizá el legado de una cultura de navegación, muy presente en esta

zona desde tiempos remotos, puede ser la base de ciertas elecciones decorativas; sin embargo, las naves podrían ser una especie de «fotograma» que sintetizara la invasión de los battleaxe, una raza procedente del mar y conocida por su agresividad y peligro. De hecho, poco después de la influencia de estas gentes la cultura megalítica danesa fue decayendo. Una gran epopeya había llegado definitivamente a su fin.

Pierre Haina, la roca de los antepasados

La Pierre Haina, cerca de Wéris, en Bélgica, se llama localmente la «Roca de los antepasados». Un nombre que no deja dudas sobre el papel desempeñado por este monolito en la tradición legendaria local. Y en el nombre revive también el aura sagrada que parece dominar la enorme roca, sobre la que circulan muchas creencias que han difuminado poco a poco su origen histórico dentro de la cultura megalítica para dejar paso a su dimensión mitológica.

En torno a este complejo lítico la gente del lugar ha construido muchas leyendas, que en general asignan a la roca poderes terapéuticos y relacionados con la fertilidad. Las mujeres que esperaban dar a luz a un hijo tocaban la piedra mágica con misteriosos rituales tratando de obtener energías ancestrales más poderosas que los cuidados suministrados por los hombres de ciencia.

Hasta el siglo XIX, con ocasión del solsticio de invierno, la Pierre Haina se pintaba de blanco y los habitantes de Wéris bailaban alrededor según un rito muy antiguo que incluía el encendido de una gran hoguera.

Esta práctica se ha relacionado con el mundo celta que, en las festividades de los solsticios, solían encender grandes fuegos en los que a menudo, según algunos cronistas, podían también quemar víctimas sacrificadas a divinidades sanguinarias.

SANTIAGO DE COMPOSTELA Y MONT SAINT-MICHEL

Santiago de Compostela: el campo de la estrella

La catedral de Santiago de Compostela, en Galicia —donde se guardan celosamente las reliquias de Santiago, objeto de culto que atrae a millares de fieles—, constituye uno de los puntos clave donde la tradición religiosa y un ambiente fuertemente marcado por el misterio conviven en estrecha relación.

Según la tradición medieval, muchos peregrinos llegaban a Santiago también porque el santo se les había aparecido en sueños y les había exhortado a dirigirse allí: «Ven, sígueme a Galicia», así se dirigía Santiago a los hombres de fe invitándoles a ir a ese punto occidental entre los montes donde se encontraba su sepulcro. Santiago, hijo de Zebedeo, apóstol y primo de Cristo, ocupa, junto a Pedro y Juan, un papel importante entre los discípulos. De hecho, sólo a estos tres se les concedió asistir a la Trasfiguración. El descubrimiento de su tumba se sitúa en el año 813 y habría sido gracias a un eremita de nombre Pelagio, retirado en los bosques de Galicia para llevar una vida de asceta. El hallazgo tuvo una gran repercusión, hasta el punto de que el obispo Teodomiro decidió transferir al *lugar santo* su sede, donde poco a poco se construyó la ciudad de Santiago.

Según otra versión, la tumba fue descubierta, en cambio, por un campesino, o más concretamente por sus bueyes. Los animales se detuvieron sin motivo en el campo que estaban arando cuando una estrella apareció en el cielo y un fuerte rayo indicó un punto del terreno. Entonces se excavó en ese lugar y se descubrió el sepulcro del santo. Desde entonces el sitio fue llamado *campus stellae*, el «campo de la estrella», en español *compostela*.

No debe olvidarse que en el siglo XIX, en una tumba colocada detrás del altar de la catedral, se hallaron los restos de tres hombres, uno de ellos el santo. La confirmación llegó cuando un fragmento óseo, custodiado en la catedral de Pisa y considerado parte del cráneo de Santiago, se colocó en el cráneo de uno de los tres hombres encontrados en Santiago y ajustaba perfectamente.

Peregrinos en ruta

El primer peregrino oficial se registró en el año 950, cuando el obispo Godescalc di Le Puy, en Francia, dio origen a una tradición que sigue en la actualidad. De toda Europa y también del Oriente cristiano, multitud de fieles llegaban a Santiago siguiendo un recorrido de mil kilómetros —el Camino de Santiago (también llamado *Via Lactea*)— jalonado de hospitales, lugares de descanso, iglesias y monasterios tutelados por la poderosa abadía de Cluny.

La repercusión que obtuvo este lugar de oración y fe convirtió a Santiago de Compostela en una de las principales metas de peregrinación después de Roma y Jerusalén, centros históricos del culto universal.

En 1120 el papa Calixto II concedió una indulgencia especial que garantizaba el paraíso a los cristianos

Vista aérea del santuario de Santiago de Compostela. (Fotografía de F. Ontanon / Oficina de Turismo español)

que murieran durante el trayecto o al final de su peregrinación. Una señal precisa del gran valor reconocido a este excepcional lugar de fe donde lo sagrado se percibe de forma inmediata no sólo en la espléndida catedral, sino también en todo ese extraordinario baluarte barroco que forma la ciudad de Santiago.

El primer santuario, mandado edificar por el rey Alfonso, fue erigido sobre un lugar en el que se hallaba un altar romano dedicado a Júpiter, signo tangible de que ya antes de la gran construcción cristiana ese lugar estaba caracterizado por una atmósfera sagrada que todavía es la principal protagonista.

✠ HACIA COMPOSTELA: TRAS LAS HUELLAS DE MARÍA MAGDALENA EN VÉZELAY

En Vézelay, Borgoña, entre los santos más o menos oficiales ocupa un lugar importante una santa que, según muchos, no era tan santa: María Magdalena.

Su ingreso oficial en el universo de la devoción se remonta a 1050, cuando el papa León IX certificó con un documento que las reliquias conservadas en el convento borgoñón pertenecían a María Magdalena.

Fundado doscientos años antes, desde entonces la suerte de ese lugar de oración conoció momentos de esplendor y popularidad. La confirmación de que entre los muros se conservaban los restos mortales de la prostituta redimida animó a muchos fieles a dirigirse a Vézelay para pedir una intercesión, un milagro, algo para seguir esperando. Pero no sólo eso. Se produjo un importante flujo de devotos porque muchos peregrinos que se dirigían a Santiago se detenían en la abadía antes de proseguir con su viaje de fe.

El 22 de julio de 1120 (festividad de la santa) un incendio devastador destrozó la parte más antigua de la iglesia. En la quema perecieron unos mil fieles. Fue un drama de enormes proporciones que, sin embargo, no sofocó la voluntad de los monjes y los habitantes de Vézelay. Y así, poco después del desastre, se empezó a trabajar en la reconstrucción, que terminó en 1215, mientras que la fachada gótica se concluyó en 1250.

Entre las paredes de esta abadía, en marzo de 1146, Bernardo de Claraval animó al rey de Francia, Luis VII, y al emperador alemán Conrado III para que armaran una Segunda Cruzada; y en ese mismo lugar, Ricardo Corazón de León y Felipe Augusto prepararon la Tercera Cruzada.

La abadía de Vézelay es un típico ejemplo de arquitectura románica. (Fotografía de DR)

Mont Saint-Michel: la montaña que se convierte en isla

El origen del singular bastión del Mont Saint-Michel, en Francia, debe buscarse en la visión del arcángel Miguel que tuvo Oberto, obispo de Avaranches. En este rincón maravilloso de Normandía el santo varón fue invitado por el celeste mensajero a edificar una iglesia sobre el monte Tomba, una pequeña elevación —no supera los 100 metros— que queda rodeada por el océano cuando las mareas se adueñan de la tierra y la transforman en isla.

El obispo no obedeció inmediatamente, así que el arcángel volvió y le tocó con un dedo la cabeza dejándole una señal indeleble, una espe-

Mont Saint-Michel con marea baja y alta. (Fotografía de E. Gueyne)

Detalle del monasterio. (Fotografía de E. Gueyne)

agitadas mareas, perdieron la vida entre las olas o en las arenas movedizas. Se cuenta que a principios del año 1000, una joven embarazada fue sorprendida por las aguas mientras se dirigía al monte. El arcángel San Miguel la salvó y la llevó volando al monte, donde dio a luz a un hijo que se llamó Péril. Desde ese día, el monte Tomba se convirtió en Mont Saint-Michel au Péril de la Mer.

Milagros y castigos

A finales del siglo X, el oratorio mandado construir por el obispo Oberto se había transformado ya en una abadía, organizada con sus estructuras de apoyo. Luego, poco a poco, la construcción creció de modo cada vez más organizado. Pero el espacio disponible sobre la isla era poco, de ahí que, siguiendo el trazado natural de la montaña, la abadía creciera verticalmente. La vieja iglesia fue absorbida por la nueva y pasó a formar parte de sus cimientos. La arquitectura primitiva de la estructura está hoy mezclada con la románica y la gótica, en un abrazo de piedra que parece acentuar posteriormente la atmósfera sagrada de este monte que se convierte en isla dependiendo del capricho de las mareas.

Y a propósito de sagrado, hay que decir que en este lugar no sólo los milagros, sino también los castigos han sido numerosos. Uno de los más conocidos sucedió varios siglos después de la construcción de la abadía. Se cuenta que el 4 de septiembre de 1636 la naturaleza, dirigida por una corte celestial, se abatió con violencia sobre los monjes que descuidaban la oración y los aspectos espirituales desde hacía tiempo para dedicarse exclusivamente a acumular riquezas a expensas de los peregrinos confiados que se hospedaban en Saint-Michel. Ese día el cielo se desgarró en miles de rayos, el mar se levantó y un fuego infernal cayó sobre los pecadores —granizo de sangre— mientras un monstruo terrible surgido de las aguas hizo el resto.

cie de herida que no cicatrizaba nunca, señal evidente del poder divino. Oberto entonces no esperó más y organizó la obra para empezar con la construcción, durante la cual los ángeles intervinieron varias veces para ayudar a los hombres, que luchaban con la piedra y las fuerzas de la naturaleza que, a menudo, parecían obstaculizar su trabajo.

El monte Tomba, mientras tanto, seguía como siempre haciendo honor a su nombre, y de hecho, muchos fueron los que, sorprendidos por las

EL CAMINO DEL SANTO GRIAL

De Tierra Santa a Gran Bretaña

El Santo Grial es todavía hoy, en el siglo XXI, el símbolo esotérico por excelencia que ha sabido superar las barreras del tiempo fascinando a hombres deseosos de conocer su origen y, sobre todo, sus poderes reales.

La del Santo Grial es una historia complicada que nace probablemente en la Edad Media como saga celta-francesa llena de elementos orientales apócrifos.

Cuenta la leyenda que en un lejano tiempo el castillo Dinas Bran, en Gales, del que sólo quedan algunos restos, era el lugar donde se conservaba el Santo Grial. El nombre derivaría de Bron, el «rico pescador» primer guardián del Grial, pero quizá también de Bran, divinidad precristiana a la que estaba dedicado el sitio. Bran poseía un caldero mágico capaz de producir comida para quinientas personas. Tal vez se trata de una metáfora de la copa divina que proveía de alimento espiritual a los caballeros de la Mesa Redonda.

Otro lugar considerado tradicionalmente un escondite del Santo Grial son las ruinas de la Glastonbury Abbey —llamada «la cuna de la cristiandad inglesa»—, que habría albergado el cáliz de la Última Cena gracias a la mediación de José de Arimatea, que con ayuda de María Magdalena llevó la reliquia a Europa directamente de Tierra Santa.

Según la tradición, José dejó el Grial bajo la protección de la Glastonbury Abbey y fundó la primera iglesia de Gran Bretaña en el punto en que hoy se encuentran los restos de la abadía.

En este lugar, en la cima de la Wearyall Hill, clavó su bastón y la madera muerta floreció, mientras los brotes del roble de Glastonbury seguían floreciendo cada Navidad.

JOSÉ DE ARIMATEA

Hay un icono de la segunda mitad del siglo XIX, realizado por un monje de la cofradía de San Serafín de Saron, en Inglaterra, que puede considerarse el símbolo más característico de José de Arimatea según la interpretación teológica y esotérica. En la obra están presentes todos los elementos fundamentales que han hecho de este personaje un protagonista de la literatura sobre el Grial y el misterio ligado a algunos símbolos del cristianismo.

En la pintura de Saron se encuentran la cueva con el Grial, la Glastonbury Abbey, el bastón de José florecido milagrosamente y la Sábana Santa, que en tantas tradiciones cristianas constituye uno de los vértices del triángulo santo junto con el cáliz sagrado y el miembro del sanedrín José de Arimatea.

La aparición del Santo Grial en la Mesa Redonda en una miniatura del siglo XV

133

El cáliz del misterio

Según la tradición cristiana, el Santo Grial era la copa que Cristo utilizó para celebrar la eucaristía durante la Última Cena y también el envase con el que José de Arimatea recogió la sangre de su costado cuando fue golpeado en la cruz con la lanza de un soldado romano «y salió de ella sangre y agua» (Juan 19, 34).

Este presunto origen ha dado forma a una interpretación un poco forzada de la palabra *grial* al identificar en ella una abreviación de *sanguis realis* («la verdadera sangre») de Cristo. En realidad, *grial* sería una voz francesa antigua que significa «plato» y que derivaría del latín medieval *gradalis*, con posible referencia al griego *kráter*, «vaso para beber».

La espada en la roca

Si se hace referencia a otras fuentes, siempre legendarias, se descubre que el mapa del misterio que caracteriza al viaje del Santo Grial propone una etapa también en Italia, para ser más exactos, en la abadía de San Galgano en Chiusdino, en la provincia de Siena.

A decir verdad, en esta edificación semidestruida no hay ni rastro del Santo Grial, pero sí de otro fascinante misterio: una espada hendida en la roca y dejada allí hasta el siglo XII. Explicar razonablemente cómo fue posible fijarla en esa posición está fuera de lugar. Veamos ahora la versión cristiana de la historia.

Se cuenta que Galgano Guidotti, rico joven del lugar que gozaba de una vida libre de trabas morales, tuvo la visión del arcángel Miguel, que lo invitó a renunciar a los placeres de la vida para dedicarse a la experiencia mística. La petición, sin embargo, no le satisfizo y el joven noble, todavía arrogante y presuntuoso, afirmó que para él abandonar los placeres terrenales sería tan imposible como clavar su espada en la piedra. Y para demostrarlo, descargó el arma contra una roca, convencido de que se rompería en pedazos. En cambio, se hendió sin encontrar resistencia de la materia.

✠ ARTURO Y LA MESA REDONDA

La historia de San Galgano nos trae a la memoria la conocida tradición de la espada en la roca ligada a la figura del legendario rey Arturo.

Según la mitología, al morir el rey Uther, soberano inglés sin herederos, se halló una espada clavada en la roca por una mano misteriosa. En poco tiempo se difundió la creencia de que aquel que la extrajera se convertiría en el rey de Inglaterra. Para conseguirlo eran necesarias, sin embargo, una notable fuerza física y una gran pureza que, como es sabido, fueron ambas características que sólo Arturo, futuro rey y fundador de la mítica Mesa Redonda, poseía.

Representación del siglo XIV de la Mesa Redonda

En cuanto el arma entró en la piedra, el arcángel Miguel desapareció e inmediatamente brotaron milagrosamente en torno a la gran roca árboles y arbustos, hasta formar una especie de templo vegetal que envolvió ese misterioso y singular signo de la intercesión celestial en los asuntos de los hombres. La espada en la roca se convirtió en una cruz, símbolo de la conversión de Galgano.

En el castillo de Federico II

Nadie sabe cuál fue la verdadera función del Castel del Monte de Andria, en la provincia de Bari, Italia, aunque entre las teorías más difundidas está la que considera este lugar residencia de caza de Federico II de Suavia. En el castillo, sin embargo, hay sólo 16 habitaciones, todas iguales y anónimas. Así que se trata de una residencia algo «espartana» para la culta corte de Federico, que solía contar en su séquito con poetas y animales exóticos, filósofos y ocultistas.

Muchos creen que este edificio se realizó para custodiar el Santo Grial, pero es difícil afirmar que el cáliz de Cristo estuviera realmente aquí. Sólo sabemos que Castel del Monte no fue nunca habitado, ni siquiera por Federico, quien, según algunas fuentes, murió antes de verlo acabado.

Quizás el proyecto de los constructores era realizar el edificio como un mensaje claro y fuerte de poder, autoridad y fuerza soberana. Además, no por casualidad la estructura es octogonal, forma que recuerda a la de una corona, aquí repetida tres veces. Y es significativo que si se suman los ocho lados sobre los que se apoyan los muros perimetrales a los 48 lados de las torres se obtiene 56: los años de vida de Federico II. Probablemente es una casualidad, pero no faltan teorías dedicadas a formular una lectura astrológica que, obviamente, debe tomarse con las debi-

Restos de la abadía de San Galgano según un grabado del siglo XIX

das reservas. Además, 56 (metros) es la medida del contorno del edificio.

Al principio, esta singular realización arquitectónica estaba decorada con esculturas, mármoles y mosaicos que probablemente contribuían de forma significativa a alimentar el «mensaje» oculto entre sus paredes. En la edificación de Andria aparece además el llamado *número áureo* 1,618 (véase pág. 112), producto de la relación mágica que según el esoterismo determinaba las proporciones del cuerpo humano. Una teoría que parte también de la innata y arraigada necesidad del hombre de encontrar un orden que se exprese en

la simple sensación, la cual, de acuerdo con las investigaciones de la moderna psicología, aparece como una actividad mental capaz de estructurar, sintetizar y proporcionar la complejidad heterogénea del mundo real.

Por consiguiente, se puede afirmar que Castel del Monte, en virtud de la gran cantidad de detalles simbólicos, matemáticos, geométricos, arqueoastronómicos y geográficos que lo caracterizan, puede considerarse una especie de edificio «filosófico», símbolo de una conciencia esotérica que, si bien no puede apreciarse en todo su conjunto, revela un conocimiento básico muy refinado y considerable.

135

STONEHENGE
Y LOS OTROS COMPLEJOS MEGALÍTICOS

Un observatorio astronómico prehistórico

Es de todos conocido, incluso para aquellos que no se dedican a estos temas, el complejo papel ritual y quizás astronómico que cumplían los megalitos realizados a partir del Neolítico. Entre ellos ocupa una posición especial el célebre conjunto de Stonehenge. Esta zona, que se encuentra en la llanura de Salisbury, a unos 100 kilómetros de Londres, estuvo habitada durante unos mil quinientos años, desde el 3000 hasta el 1500 a. de C. Por tanto, no fue el resultado de un único proyecto, sino una «construcción» en la que participaron varias generaciones.

El complejo megalítico más famoso del mundo ha despertado siempre la imaginación de los hombres que han tratado de descifrar su secreto. Parece que incluso Charles Darwin lo intentó, pero sin lograr ir más allá de suposiciones difíciles de probar.

Lapidaria es la afirmación del escritor inglés Samuel Pepys, que en junio de 1668 escribió: «Esas piedras son prodigiosas, al igual que las leyendas que se cuentan sobre ellas, y bien merecen un viaje. Dios sabe para qué servían. Es difícil que nos cuenten la historia, pero no debe ser imposible».

A los científicos y poetas se han añadido poco a poco los místicos, los esoteristas y, recientemente, los ufólogos, que, convencidos de las tesis que consideran Stonehenge una especie de observatorio astronómico prehistórico, han tratado de relacionarlo con presuntos alienígenas llegados a la Tierra en un pasado lejano.

Dos ilustraciones dieciochescas de Stonehenge. Arriba, *una representación realista;* abajo, *una reconstrucción hipotética*

La hipótesis del observatorio astronómico, que había tomado cuerpo a principios del siglo XIX, ha sido después rebatida varias veces por los astrónomos. En los años sesenta, Gerald Hawkins, profesor de astronomía en la Universidad de Boston, estudió Stonehenge con la ayuda de un ordenador en el que había introducido las posiciones del sol, la luna y las estrellas como presumiblemente estaban alrededor del año 1500 a. de C. De este modo descubrió curiosos alineamientos entre determinados volúmenes y evidenció algunos sucesos importantes de los calendarios solar y lunar. No sólo eso: logró también demostrar que toda la estructura lítica podía utilizarse como un «ordenador de piedra» para prever los eclipses solares y lunares.

Además, recientemente algunas personas han propuesto la tesis de que esas grandes piedras no eran sólo una estructura utilizada por los sacerdotes de los celtas, los druidas, para prever los eclipses —también hay quien creyó, en el siglo XVII, que fueron precisamente los druidas los que la construyeron, pero es una teoría imposible desde el punto de vista científico, puesto que el conjunto es anterior a las poblaciones que habitaron la Galia antiguamente (y aun así, esta leyenda sigue alimentando el mito romántico del druida)—, sino que además eran una especie de punto de mira a través del cual, ya en el Neolítico, era posible ver determinados puntos presentes en las elevaciones cercanas y realizar toda una serie de cálculos astronómicos. Hay que señalar que, el 21 de diciembre, al alba, un rayo de sol atraviesa limpiamente los dos dólmenes colocados en la parte más interna del conjunto dispuestos en herradura, mientras

Planta de Stonehenge: en color más oscuro los elementos todavía en pie. (Dibujo de Michela Ameli)

que al alba del 21 de junio, la luz del sol atraviesa por completo el círculo megalítico y alcanza la Heel Stone (piedra del talón) que se encuentra fuera del círculo, en el camino de acceso. Todo esto no puede ser casual, según los expertos, sino producto exclusivamente de cuidadosas mediciones.

La aparición de mitos y leyendas

Más prosaicas, las numerosas leyendas locales relatan los extraordinarios poderes reconocidos a esas piedras, auténticos instrumentos taumatúrgicos —que también sirvieron a los caballeros de la Mesa Redonda— capaces de curar enfermedades. Hoy

✴ LOS DRUIDAS

Los druidas (un término que deriva del gaélico dwir, «encina», o del galo druid, «hombre que sabe») siempre han estado envueltos por una espesa capa de misterio. Los principales causantes de esta distorsión de la verdadera marcha de los acontecimientos pueden considerarse los autores románticos, que han caracterizado frecuentemente a estos personajes clave de la religión celta con tonos completamente alejados de la historia. Para tener una idea clara del papel desempeñado por los druidas se puede recurrir, sin embargo, a un testigo fidedigno: Julio César, que en De Bello Gallico, incluyó una descripción bastante precisa de esta categoría de hombres situados en el vértice de la jerarquía de pueblos muy lejos de ser bárbaros.

Druida en un grabado del siglo XVIII

Por César sabemos que los druidas se ocupaban de los cultos, preparaban los sacrificios y eran los encargados de todas las prácticas incluidas en la religión; con ellos se reunían numerosos jóvenes que recibían educación de estos sabios. Su sabiduría era tal que, por lo general, se les llamaba también para juzgar en las disputas públicas y privadas, en un lugar que César llama «tierra de los Carnutos, en el centro de la Galia».

No utilizaban ningún sistema de escritura en lo que a temas relacionados con la religión se refiere, pero se servían del alfabeto griego en otros casos. Su principal enseñanza, de nuevo en palabras del emperador romano, era «la inmortalidad del alma y su migración tras la muerte de un cuerpo a otro».

137

también hay quien habla de energías misteriosas que se difundirían gracias a las piedras, dotadas de propiedades electromagnéticas y capaces de producir «campos de fuerza» difíciles de detectar en otras áreas. Tal vez sea esta cualidad precisamente el origen de las tradiciones sobre los poderes taumatúrgicos de las piedras de Stonehenge.

Además, en el pasado se creyó que la obra había sido realizada por los romanos al ocupar Inglaterra, aunque la tesis se reveló rápidamente poco creíble, porque es probable que los invasores itálicos realizaran monumentos de otro tipo.

Algunas leyendas ven en la gran estructura megalítica una construcción realizada por los gigantes en el «origen de los tiempos», y algunas baladas la consideran una obra del omnipresente Mago Merlín que, en muchas tradiciones místicas de estas regiones, es a menudo una especie de *deus ex machina*.

Otro mito muy difundido tiene que ver con el descubrimiento de las piedras utilizadas para construir el complejo. En el pasado se defendía que las grandes rocas habían sido extraídas a 200 kilómetros de distancia del lugar. En realidad, las investigaciones más recientes demuestran que la materia prima proviene de una zona situada entre uno y dos kilómetros del monumento. En cualquier caso, una distancia nada despreciable teniendo en cuenta los sistemas de la época.

No hay que olvidar que, para realizar una estructura organizada como la de Stonehenge, se nece-sitaban conocimientos técnicos y medios importantes, sobre todo considerando que en aquella época la rueda era todavía desconocida.

Stonehenge hoy

En un principio, la estructura de Stonehenge estaba constituida por un recinto circular simple con un terraplén y un foso, y la entrada estaba flanqueada por dos monolitos. En la segunda fase se realizaron 56 agujeros a lo largo del perímetro, probablemente destinados a recoger las ofrendas, mientras que en la tercera se levantaron dos filas de piedras dispuestas en herradura y probablemente se trazó el camino de acceso. Por último, en la cuarta fase, se construyó una gran estructura constituida por cinco dólmenes colocados en herradura y situados dentro de las hileras de piedras.

En la actualidad, el conjunto, a pesar de su majestuosidad, no es el original. En la Edad Media se convirtió en una especie de cantera de piedra y muchos menhires —que son piedras muy pesadas: las más pequeñas pesan unas 4 toneladas; las verticales de los dólmenes, unas 45, y el arquitrabe, unas 25— se utilizaron como material de construcción tanto en los edificios civiles como en las iglesias.

Una ceremonia en el complejo de Stonehenge. (Fotografía de D. Staquet / Diaporama)

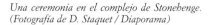

DÓLMENES, LAS PIEDRAS MISTERIOSAS

El dolmen (de dol, «mesa», y men, «piedra») es una estructura simple formada por una losa de piedra colocada horizontalmente sobre dos piedras verticales que sirven de base.

La hipótesis más acreditada en cuanto a su función, si bien no compartida por todos los estudiosos, es la que los considera una especie de cámaras sepulcrales. De hecho, cerca de muchos dólmenes localizados en zonas de influencia celta —durante la Edad Media se derribaron porque se consideraban morada de demonios— se han encontrado huellas concretas de prácticas rituales relacionadas con el culto a los muertos.

También se ha sostenido que eran una especie de altar sobre el que se practicaban sacrificios humanos, pero la moderna antropología ha desmentido esta creencia relegándola casi por completo al terreno de la mitología.

⊛ SUGESTIVAS CONEXIONES

En los años veinte, Alfred Watkins defendió la existencia de un sistema de leys (líneas) que cruzaban la campiña inglesa según un diseño que respetaba un proyecto preciso. La teoría, cuando menos discutible científicamente hablando, presenta, sin embargo, algunas características sugestivas. La tesis del estudioso defendía la existencia de una red de líneas que conectaban iglesias, restos de antiguos lugares sagrados y megalitos. Una, en concreto, incluía a Stonehenge y se extendía de nornoroeste al sursureste a través de la campiña de los condados de Witshire y Hampshire, en el sur de Inglaterra. Esta ley, de 30 kilómetros de largo —su origen se indica en un túmulo prehistórico— conecta entre sí Stonehenge, una fortificación de la Edad del Hierro en Old Sarum, la catedral de Salisbury, un campamento de la Edad del Hierro cercano a Clearbury y el castillo del mismo periodo en Frankenbury Camp.

Vista de una de las «avenidas» del complejo de Avebury. (Fotografía de Greenhalf Photography / Corbis)

Varias excavaciones arqueológicas han revelado, además, que alrededor del círculo de dólmenes había una corona constituida por unos sesenta menhires, hoy desaparecida.

Las piedras de Avebury

El complejo megalítico de Avebury, al norte del condado de Wiltshire, en Gran Bretaña, es el más grande del mundo. Su estructura está delimitada por un foso en cuyo interior se encuentran dos círculos de piedras, y a lo largo del perímetro exterior se alzan cien piedras. Antes de relacionarlo con la observación astronómica, este complejo se consideró un templo romano, luego un improbable lugar donde se celebraban los ritos de los druidas y, finalmente, un anfiteatro. Con seguridad sabemos que ya se utilizaba en el año 2600 a. de C., aunque se desconoce con qué fin concreto.

Las primeras noticias que tenemos se remontan al siglo XVII, cuando un estudioso local, John Aubrey, escribió que «Avebury superaba a Stonehenge en la misma medida en que una catedral parisina supera a una iglesia».

Del círculo original exterior formado por cien piedras y distribuido en unas doce hectáreas quedan en la actualidad menos de treinta, incluidos dos círculos a los que faltan también muchas de sus piedras originales.

William Stukeley, que en el año 1721 dibujó con todo tipo de detalles un mapa de Avebury, definió el complejo megalítico como «un templo dedicado a los cultos solares y lunares».

Era el primer intento antiguo de relacionar el crómlech (de *crom*, «curva», y *lec'h*, «piedra») de Avebury con la observación astronómi-

Externsteine, un santuario en las rocas

En las insólitas rocas de Externsteine, en Alemania, han encontrado morada monjes y eremitas que precisamente entre esas columnas de piedra han logrado encontrar el lugar adecuado para su aislamiento espiritual. Algunos de estos pilares, en la zona más elevada, fueron excavados realizando pequeñas habitaciones cuya función no está clara. En la más grande, de forma irregular, se puede incluso entrar. La puerta está dirigida hacia el punto exacto por donde surge el sol durante el solsticio de verano.

¿Casualidad? Cierto, se podría aceptar esta hipótesis de no existir algunos detalles que convierten a Externsteine en un lugar donde la casualidad no tiene cabida.

Además, basta con acceder a la capilla situada en lo alto de una de las grandes pilastras líticas para darse cuenta de que la intención de los constructores del complejo era realmente la de realizar una estructura con precisas funciones astronómicas. De hecho, la capilla no tiene techo, y en el lateral este hay una cavidad que en el solsticio de verano se llena de rayos solares en cuanto el astro supera la línea del horizonte.

Asimismo, puede que tampoco sea casual que Externsteine se encuentre en la misma latitud que Stonehenge.

El complejo de Externsteine en un grabado del siglo XIX

ca que podría encontrar vínculos precisos con otros lugares cercanos: Silbury Hill —la colina artificial más alta de Europa—, el túmulo de West Kennet y los círculos de piedras de Dorset.

Gracias a los dibujos realizados por William Stukeley se han encontrado muchas de las fosas originales en las que se habían colocado las piedras.

Además, la observación global ha permitido establecer que la estructura de Avebury, de finales del Neolítico, debía considerarse una larga avenida que terminaba en la colina de Silbury.

TURÍN Y PRAGA,
LAS CIUDADES DE LO OCULTO

El misterio de Turín

Turín está considerada la ciudad mágica por excelencia. En la base de esta tradición está un sustrato alimentado por motivaciones histórico-sociales sobre las que se han «acomodado» lecturas de orden esotérico, casi siempre alimentadas por una mitología urbana capaz de clonarse continuamente. Se dice que Juan Pablo II, al visitar Turín, dijo: «Donde hay santos llega también el demonio».

Esta especie de «certificación» (¿habrá legitimado la creencia de que Turín es una ciudad mágica?) es una cuestión delicada que hay que valorar atentamente. El diablo, como sabemos, tiene demasiado que hacer para dedicar su tiempo a una única ciudad. Además, ¿por qué, por ejemplo, no podrían Roma o Nápoles ser más mágicas que Turín?

Por Turín pasaron Cagliostro y Nostradamus, cierto, pero eso no significa nada si pensamos que estos personajes, junto a otros, han actuado en muchos otros sitios y a menudo durante periodos mayores. Y si, como sostienen fuentes católicas fidedignas, al menos doce millones de italianos tratan de resolver sus problemas dirigiéndose a Satanás, se constata necesariamente que el porcentaje de adeptos turineses, por alto que pueda parecer, es relativamente limitado respecto a la media nacional.

Los lazos con Egipto

El origen de la tradición sobre el «diabolismo» de Turín no tiene sus raíces en un pasado demasiado lejano. Probablemente, fue entre finales del siglo XIX y principios del XX cuan-

La tumba de Maia conservada en el Museo Egipcio de Turín

do el mito se difundió con mayor consistencia, un mito que en la actualidad ha encontrado eco especialmente en los medios de comunicación, auténtica caja de resonancia de tradiciones en las que a menudo la historia se confunde con la leyenda.

Uno de los «puntos mágicos» por excelencia de la «ciudad de Satanás» se localizaría en el Museo Egipcio, donde todavía hoy algunos visitantes parece que sufren influencias especiales que provocan desvanecimientos y malestares. ¿Producto de la sugestión? Los fondos del museo —segundos en el mundo después de El Cairo— no tienen nada de mágico, de no ser por su relación con una cultura fascinante y obsesionada por la muerte como fue, concretamente, la egipcia. Una cultura que alimenta desde siempre el imaginario colectivo.

Pero en la ciudad subalpina hay algo más. Según la tradición, Turín fue fundada por los egipcios. Una teoría que, sin embargo, no tiene ninguna consistencia histórica. Pero la creencia ha pasado a formar parte de la cultura legendaria de esta ciudad que tiene una relación con las gentes del Nilo fundada sobre todo en la egiptología, que ha convertido a Turín, desde el mismo momento en que se descubrió el mundo de las pirámides, en uno de los centros internacionales para el estudio del mundo egipcio.

✴ LA LEYENDA DE FAETONTE

La relación entre Egipto y Turín nace con el barón Filiberto Pingone (1525-1582), que al comienzo de su libro Augusta Taurinorum *sostiene que en 1529 a. de C., Faetonte —en otros casos llamado Eridano (el mito clásico cuenta, de hecho, que Faetonte robó el carro solar a su padre, el Sol, pero que perdió el control y acabó en el Eridano, es decir, el Po, donde se ahogó)— llegó desde Egipto (en algunas fuentes, desde Grecia) para fundar numerosas colonias italianas entre los ligures.*

Lugares mágicos

Así que ¿hay o no hay un ejército de demonios deambulando por las calles de Turín? Y el renombre de la ciudad ¿es sólo producto de una mitología popular? Dar una respuesta objetiva no es sencillo, porque los elementos que contribuyen a aumentar el aura de misterio de la capital piamontesa son muchos.

Aunque la ciudad donde enloqueció Nietzsche se considera muy a menudo únicamente un polo industrial, sin vitalidad, en realidad está envuelta todavía hoy con un halo de misterio. Empezando por el que rodea la céntrica plaza Statuto, considerada, quién sabe por qué, uno de los lugares más mágicos. El aura simbólica de la ciudad alcanza aquí, de hecho, su cota más alta, y envuelve como si de niebla se tratara los monumentos, los lugares gratos e incluso las mentes aparentemente menos sugestionables, para moverse hasta la periferia

donde se encuentra el mausoleo de la «bela Rosín» (la mujer morganática de Víctor Manuel II, condesa de Mirafiori), considerado por algunos el «parque de los fantasmas».

En los años del *boom* de la Turín mágica, se decía además que era destino de seguidores de sectas demoníacas, que se reunían en ese lugar para celebrar sus temibles misas negras. Y lo mismo se decía del cementerio de San Pietro in Vincoli, popularmente llamado «de las coles» porque está situado en una zona que en el siglo XVII estaba totalmente cubierta de huertos (hoy, sin embargo, es un «inocuo» parque municipal).

El Golem de Praga

Todavía al recorrer la calle Alquimistas en Praga, pueden escucharse historias extrañas sobre el Golem, una criatura misteriosa, de rasgos infames, realizada con ayuda de la ma-

gia por algunos rabinos conocedores profundos de la cábala.

En la tradición hebrea, el Golem es una criatura hecha por el hombre con el método utilizado por Dios para dar vida a Adán, pero forjada con el poder de la magia. La ambigüedad que la caracteriza está determinada por la ambivalencia de su comportamiento hacia su creador. Así que puede ser un humilde servidor, pero también un violento y malvado enemigo.

En Occidente, la difusión de su mito más allá de los límites de la cultura judaico-cabalística se debe a Gustav Meyrink (1868-1932) —escritor austriaco calificado como *iniciado* por sus aficiones esotéricas y su actividad dentro de la Logia Teosófica Estrella Azul de París— que en *Der Golem* (1915) narró los hechos de esta misteriosa criatura, contados a menudo con un tono aterrador. Así describe en un pasaje del capítulo quinto a este ser monstruoso: «El origen de esta historia se remonta al siglo XVII. Se cuenta que un rabino, basándose en algunos escritos de la Cábala que luego se perdieron, logró dar vida al llamado Golem, un hombre artificial que hacía las veces de sirviente, tocaba las campanas de la sinagoga y se ocupaba en su lugar de los trabajos más pesados. No era un hombre como nosotros, sino un ser oscuro, una especie de criatura vegetal que sólo cobraba vida durante el día gracias a la influencia de una fórmula mágica escrita en una nota que se le colocaba detrás de los dientes y que atraía hacia él las fuerzas siderales que vagan por el Universo. Una noche, después de la oración habitual, el rabino olvidó quitarle de la boca la nota y se cuenta que el Golem se sintió invadido por una furia salvaje y echó a correr a ciegas a través de callejones oscuros, destruyendo todo a su paso. Hasta que el rabino consiguió plantarse delante de él y destruir la fórmula mágica. El Golem cayó entonces al suelo. No quedó nada de él, salvo una pequeña estatua de arcilla que todavía hoy puede verse en la sinagoga Vieja-Nueva».

Vista de Praga con el Castillo al fondo. (Fotografía de Czech Tourist Authority

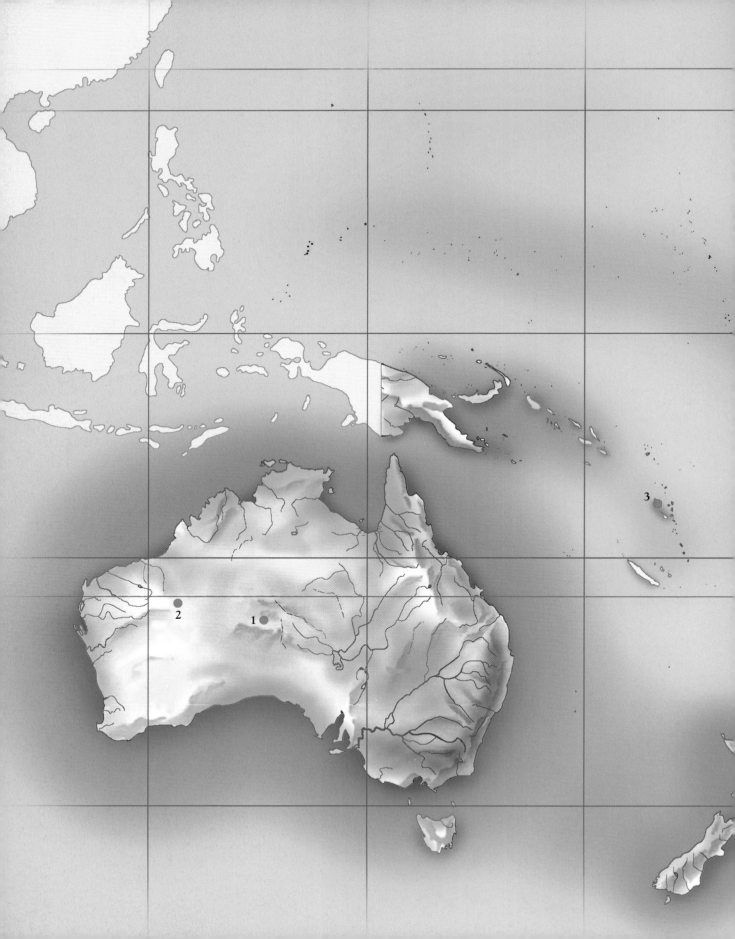

OCEANÍA

1. AYERS ROCK
2. LAS CUEVAS PINTADAS AUSTRALIANAS
3. NAN MATOL

AYERS ROCK

Un paralelepípedo en el desierto

Para los aborígenes es la morada de los dioses y los occidentales la llaman Ayers Rock. Es una de esas montañas típicas de Australia que surgen en medio del desierto con forma de enorme paralelepípedo redondeado.

La arena roja y el color marrón de la colina contribuyen a dar un aspecto mágico a este lugar realmente único.

Ayers Rock debe su nombre al primer ministro australiano, Sir Henry Ayers, al que se dedicó la montaña tras ser «descubierta» en 1873 en el centro de las áridas regiones que se extienden entre el monte Olga y Alice Springs, de la que dista más de 300 kilómetros. Sin embargo, el descubrimiento occidental fue un redescubrimiento, pues el desnivel era ya objeto de culto para los autóctonos que todavía hoy lo llaman Oluru, la montaña sagrada.

De diseño impenetrable, debido a sus características especiales, esta

El macizo de Ayers Rock. (Fotografía de Carlo Amedeo Reyneri di Lagnasco)

146

CÁMARAS Y ACCIÓN EN HANGING ROCK

El viaje al «tiempo de los sueños» que forma parte de la cultura aborigen fue evocado en 1976 por el director australiano Peter Weir en su película Picnic en Hanging Rock. La película contaba una historia ocurrida realmente en el sur de Australia el 14 de febrero de 1900, y tenía como protagonistas a un grupo de adolescentes internos en un colegio que durante una excursión a la roca de Hanging (que significa «sorpresa») fueron testigos de la desaparición de tres chicas del grupo. Las jóvenes desaparecieron misteriosamente engullidas por la gran y maciza roca, llena de simas y cuevas, y no volvieron a encontrarse nunca.

Dibujo aborigen que representa a un antepasado junto a una misteriosa criatura

montaña tiene que ver en cierto modo con lo «divino», ya que se descompone perdiendo por todas partes esquirlas de piedra siempre iguales, de modo que no cambia nunca de fisonomía aunque se reduce imperceptiblemente.

La montaña del «tiempo de los sueños»

Cuenta la tradición aborigen que durante el «tiempo de los sueños», es decir, el periodo de los orígenes cuando la Tierra todavía se estaba formando, aparecieron en la superficie hombres y árboles, animales y montañas y entre las tribus más establecidas en la zona hubo feroces batallas.

Repitiendo un esquema que normalmente es parte de todas las culturas, una tribu —la de la Serpiente Diamantina— representaba al bien, y otra —la de la Serpiente Venenosa—, al mal. En la batalla final la tribu de los buenos derrotó a los malos gracias también a la ayuda de la diosa Bulari. Los cuerpos de los vencidos fueron lanzados dentro de Ayers Rock donde todavía se encontrarían.

Con este patrimonio mítico como base es fácil imaginar por qué Oluru

Una escena de caza pintada por los aborígenes

ha adquirido este tono que todavía hoy sigue siendo terreno abonado para la creación de leyendas y tradiciones, creencias y visiones. Para los aborígenes, acceder a este lugar es un modo de volver realmente al «tiempo de los sueños» y recuperar fragmentos de un pasado al que se sienten indisolublemente ligados y que forma parte de su experiencia diaria.

Por tanto, no sorprende en absoluto que en las paredes de Ayers Rock haya muchas pinturas rupestres que representan imágenes a menudo misteriosas y que, por el mismo hecho de haberse realizado precisamente aquí, asumen un carácter sagrado pasando a integrar viva y activamente el culto aborigen con tonos y cualidades que traen a la memoria la función del icono en el cristianismo ortodoxo.

En las cuevas de Ayers Rock se encontraría además el espíritu de Uli-Tarra, el primer hombre, que en la mitología australiana se creía que provenía de Oriente. Era el jefe de una tribu aborigen que un día partió para ir a luchar contra otra tribu que se encontraba en la otra falda de la montaña. La batalla fue cruenta, pero al final los hombres dirigidos por Uli-Tarra consiguieron una gran victoria.

A su regreso, el guerrero desapareció en las cercanías de Oluru. Los aborígenes afirman que volvió al «tiempo de los sueños» del que había venido.

Los aborígenes, orgullosos de la intervención de Uli-Tarra, que les condujo a la victoria en la guerra, pintan todavía su figura en las paredes rocosas de Ayers Rock convencidos de que su espíritu se esconde en alguna profunda cueva de la montaña sagrada.

Sonidos para comunicarse con los dioses

En la tradición aborigen, además de la pintura, el lazo con la divinidad puede activarse también con otros sistemas, por ejemplo a través del sonido que dentro de las cuevas y simas de Oluru se convierte en algo mágico llenando el ambiente de fascinación y misterio.

✸ EL NACIMIENTO DE LAS PLÉYADES

Los aborígenes cuentan que, un día, un hombre llamado Wurunna llegó al campamento de siete muchachas. Fascinado por la belleza de las jóvenes, secuestró a dos mediante una estratagema.

Las jóvenes, sin embargo, no tenían ninguna intención de quedarse con él, así que subieron a un árbol mágico que lentamente comenzó a crecer.

Al llegar al cielo, encontraron a las otras cinco amigas, a las que se unieron y vivieron para siempre juntas en la constelación más luminosa: Maya-mayi, o lo que es lo mismo, las Pléyades.

El instrumento utilizado por los aborígenes es, principalmente, la bramadera —formada por una tablilla de madera unida a una cuerda—, que se «toca» aprovechando el paso del aire sobre la superficie de madera. Las variaciones sonoras están determinadas por la dimensión del objeto, la velocidad de rotación, la inclinación del terreno y la longitud de la cuerda.

Un instrumento ritual elemental, por consiguiente, al que además de las funciones normales «musicales» se le han reconocido también valores simbólicos muy precisos, puesto que serviría para evocar a la divinidad a través de un sonido grave, de un tono que podríamos calificar como «inquietante».

Para la tribu de los sepik, por ejemplo, la bramadera tenía una función iniciática muy precisa, puesto que servía para «ahuyentar» a los jóvenes implicados en el rito de paso. El sonido que producía se consideraba la voz del dios, que les advertía de la gravedad de la experiencia que estaban atravesando para entrar así a formar parte del mundo de los adultos.

Cuenta una leyenda aborigen que un día unos muchachos que estaban a punto de someterse a la iniciación se cansaron de hacer girar la bramadera. Entonces Atnatu —el ser supremo que tenía una especial predilección por este instrumento, cuyo sonido le gustaba escuchar—, decepcionado por su comportamiento, los atrajo hacia el cielo y devoró a uno de ellos.

Este fragmento de la épica aborigen es, en el fondo, una indicación muy clara de la importancia concedida al sonido de este antiguo instrumento que vibra entre las paredes de Ayers Rock como un canto sagrado que sólo los autóctonos saben percibir e interpretar.

✸ LA TRIBU MÁS ANTIGUA

Sin duda, el valor de la montaña sagrada de Ayers Rock y la autoridad de los espíritus que la habitan son todavía aspectos importantes, sobre todo, en el fuerte vínculo con la tradición que mantienen los arunta, la tribu indígena más antigua. Actualmente se dividen en cinco grupos, que se diferencian por la lengua y la organización social.

Sin embargo, todos corren el peligro de extinguirse. De hecho, han sufrido una repentina disminución, en especial tras los primeros contactos con los occidentales, de los que contrajeron enfermedades que su sistema inmunitario no conocía y que, por consiguiente, resultaron mortales.

Pero los arunta han resistido a todo y, a pesar de su organización aparentemente «primitiva», siguen siendo un grupo etnológico de gran interés y no carente de cierto misterio.

Un misterio que encuentra su apoteosis en el Oluru, la gigantesca montaña de arenisca —de mas de 300 metros de alto— donde espíritus y antepasados tienen su morada y donde es posible recorrer el camino para volver al «tiempo de los sueños» en que los dioses habitaban en la Tierra con los hombres.

LAS CUEVAS PINTADAS AUSTRALIANAS

Pinturas para los dioses

En numerosas áreas de Australia la cultura aborigen ha dejado misteriosas huellas de gran interés en las paredes rocosas, las simas o las cuevas. Pinturas rupestres en las que predominan las representaciones de hombres y animales, pero donde también se pueden apreciar imágenes difíciles de identificar que siempre han estimulado la fantasía de los estudiosos, tanto por su complejidad como, principalmente, por la dificultad para averiguar su significado.

Los lugares donde se pueden encontrar estas pinturas son numerosos y todavía quedan muchos por descubrir (por los occidentales, naturalmente). Las pinturas rupestres australianas más antiguas se hallan en la zona del Pilbara, en la parte oriental del continente, y tienen una antigüedad de cerca de veintiséis mil años. Del mismo periodo son las de la caverna de Malangine, que se encuentra al sur, hacia el océano Índico. También en este caso se trata de obras bastante curiosas, en las que predominan dibujos de difícil interpretación que representan quizá a personajes y criaturas misteriosas del mítico tiempo de los orígenes. Un tiempo que hoy subsiste sólo en las leyendas.

Y todavía más. En Mount Agnes, en el noroeste de Australia, son visibles extrañas representaciones híbridas formadas por la unión de la figura humana con un cuerpo de rapaz (un águila o un halcón) que dan vida a oscuros seres misteriosos, quizá divinidades del «tiempo de los sueños». E igual de misteriosas son las serpientes del área de Halcott, cuya representación, vagamente antropomorfa, ha inducido a algunos investigadores a relacionarlas incluso con culturas extraterrestres. Una hipótesis que no tiene nada de científica, pero que sin duda ha alimentado la fantasía de muchos dando origen a una serie de teorías muy controvertidas.

Las misteriosas pinturas de Halcott

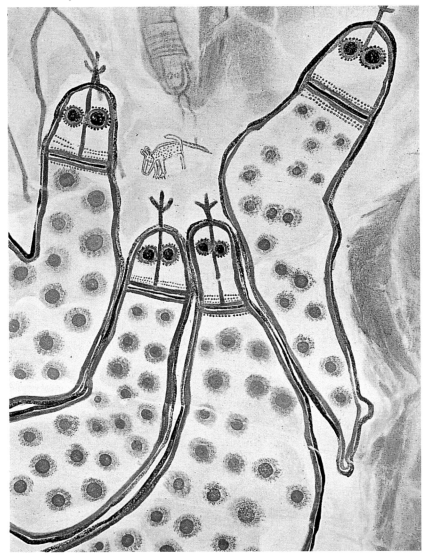

Al observar los motivos artísticos de los aborígenes australianos, nos encontramos con un complejo simbólico muy estructurado con milenios de cultura y donde lo sagrado desarrolla un papel fundamental. Desde los grandes grupos de grabados rupestres hasta las pinturas en las cortezas, desde las organizadas estructuras decorativas presentes en los objetos cotidianos hasta los laberínticos dibujos realizados con tierras y piedras, el universo artístico-simbólico aborigen constituye un conjunto caótico y fascinante que ha interesado a escritores y artistas de todos los tiempos.

Pero ¿quién era *ab origine* el artista en esa cultura figurativa y mágica que sabía realizar obras como las descubiertas por los artistas contemporáneos? Era un personaje que hoy denominamos chamán (*mekigar*), nexo de unión entre el mundo de los hombres y el de los espíritus, entre la vida y la muerte, entre los acontecimientos naturales y su evocación a través del mecanismo del rito. El origen del arte encontró su punto fuerte en este personaje (y no sólo en la cultura australiana), un elemento dominante que se servía del arte como de un lenguaje mágico a través del cual comunicarse con la divinidad.

El arte para volver al «tiempo de los sueños»

Con el fin de encontrar el ancestral lazo con la cultura de los orígenes, en Papunya, en el desierto australiano, surgió en 1971 un movimiento de artistas que, con instrumentos y técnicas actuales, quiso recuperar el patrimonio simbólico y ritual del antiguo arte aborigen. Este grupo de pintores dio así vida al arte del *dreaming*, término inglés para indicar los conceptos aborígenes conectados con el tema del origen del mundo y con todas sus múltiples caracterizaciones mitológicas. Del esfuerzo de estos artistas surgió desbordante algo ancestral, que puede identificarse, sobre todo, con la capacidad para oír las voces de la tierra y los sonidos de la naturaleza en general. Por tanto, se trata de una especie de ósmosis chamánica con las energías más arcaicas, asentadas en el inconsciente colectivo y que se desentrañan en las obras actuales —pinturas rupestres, decoraciones de los objetos de uso diario, etc.— con la misma vitalidad presente en las de los aborígenes, como una especie de oración.

El movimiento pictórico de Papunya, más que un interés puramente artístico, desarrolla un papel fundamental al apoyar la autonomía tradicional de la cultura aborigen, una cultura de cincuenta mil años de antigüedad que contiene elementos simbólicos capaces de conmover al observador occidental, no sólo en los aspectos rituales, sino también en los propiamente sociales.

La dimensión simbólica de este arte incluye algunos de los elementos más característicos de la cultura «primitiva» —como la serpiente, los círculos concéntricos, el zig-zag, la espiral y la retícula—, que tienen la función de conducir hacia una dimensión en la que los cuatro elementos naturales quedan incluidos en un diálogo constante, donde el tiempo de la realidad y del mito se unen en un único y armonioso hilo conductor.

Para los artistas del *dreaming*, la relación con la tierra tiene una importancia capital dentro de su búsqueda, esa tierra llena de voces de los antepasados que, a través de sus evoluciones dentro del mecanismo simbólico, devuelve las voces de un pasado donde historia y mito se confunden en una narración que, incansablemente, vuelve a proponer los ancestrales gestos del artista-chamán. Desde siempre. Quizá para siempre.

⊗ LAS PINTURAS A RAYOS X

Entre los ejemplos de arte rupestre australiano relacionados con lo que podríamos llamar «el universo del misterio», se encuentran también las llamadas «pinturas a rayos X», representaciones que muestran la estructura del esqueleto y los órganos internos de hombres o animales. En muchos casos, la disposición de cada parte resulta sintetizada y expresada sólo a través de la denominada «línea vital», es decir, una especie de trazado esencial que conecta la boca con un órgano importante (corazón, estómago, etc.).

Los primeros testimonios del estilo radiográfico tienen unos trece mil años de antigüedad. Junto a la interpretación que enmarca estos grabados dentro de la magia propiciatoria de la caza, debe también añadirse la hipótesis que las considera parte de las prácticas rituales vinculadas al «renacimiento» del chamán —posterior a su viaje al interior de los cuerpos— durante la iniciación.

El chamán, tras una larga concentración en solitario, debe ser capaz de ver su propio cuerpo sin tejidos, es decir, reducido al esqueleto, y aprender a reconocer cada parte. Se considera que eso sólo es posible gracias a una especie de iluminación interior provocada por un estado de trance autoinducido y autocontrolado, pero también es verdad que los conocimientos anatómicos de los chamanes podrían deberse a las frecuentes visitas a sepulturas y a prácticas necroscópicas.

Un ejemplo de la pintura rupestre «a rayos X»

Cotidianeidad y espiritualidad

En Mount Agnes y Halcott los aborígenes han dejado huellas que cuentan, sobre todo, su mundo hecho de mitos y relaciones sobrenaturales, difíciles de comprender para nosotros, occidentales, tan condicionados como estamos por los dictados de la razón y la racionalidad. El término *aborigen* deriva del latín *ab origine*, que significa «tiempo de los orígenes». Un término que aporta un dato muy preciso de la antigüedad que se reconoce a este grupo étnico llegado a Australia hace más de cincuenta mil años.

En ese tiempo, los aborígenes estaban divididos en más de cincuenta pueblos diferentes, cada uno con una lengua propia y territorios que predominantemente se extendían a lo largo de la costa. Estos grupos elaboraron sistemas primitivos de agricultura y ganadería valiéndose de técnicas que hoy se han perdido por completo. Los aborígenes cuentan que el hombre llegó a Australia a través del dios Imberombera, que se encontraba más allá del mar. Caminaba sobre el fondo de los océanos con el cuerpo lleno de niños, y al desembarcar en una tierra plana y sin ninguna forma de vida, hizo crecer vegetación y animales y depositó a esos niños que se convirtieron en los aborígenes.

Desde el siglo XVIII, con la llegada de la colonización europea, Australia ha perdido gran parte de su fisonomía. Los asentamientos europeos, desde grandes explotaciones ganaderas a minerías, han arruinado la antigua cultura aborigen y han provocado también la reducción de la población autóctona. Cuando en 1770 James Cook desembarcó en estas tierras, el continente contaba con cerca de un millón de aborígenes; poco más de dos siglos después se habían reducido a sesenta mil.

Y sólo hay que recordar la importancia que concedían los aborígenes a su tierra para imaginar el trauma sufrido por estas gentes cuando los occidentales empezaron a establecerse en Australia. Sus espacios sagrados se redujeron progresivamente y se limitaron a áreas menos accesibles, donde los dioses, casi en el exilio, siguieron dialogando con los chamanes, autores de esas pinturas rupestres que durante los rituales cobran vida y conducen al hombre de magia al «tiempo de los sueños».

Pero todos los aborígenes están en contacto con los espíritus. Incluso quien no es chamán sabe que la dimensión espiritual establece continuos lazos con la realidad colectiva y es consciente de que la divinidad participa activamente de la experiencia diaria de los hombres.

Cuando nace un niño, por ejemplo, la madre marca el punto preciso donde el niño ha visto la luz. Los ancianos y los chamanes sabrán así establecer quién será su antepasado protector que lo acompañará toda la vida. Por el contrario, su nombre sí que cambiará según los acontecimientos, buenos o malos, que le afecten en la vida.

Y también las cosas simples y diarias, partes integrantes de la experiencia ritual aborigen, entran en el terreno de lo divino, se relacionan con el «tiempo de los sueños». Por eso no es difícil encontrar al dios Bobbi Bobbi sujetando un boomerang o el *didjeridoo*, un instrumento de viento de unos cuarenta mil años de antigüedad.

✠ BOBBI BOBBI Y EL BOOMERANG

Si para los ufólogos los seres híbridos de Halcott serían una representación de criaturas extraterrestres, los antropólogos sostienen en cambio que estas extrañas criaturas podrían ser la imagen del dios Bobbi Bobbi. Esta divinidad, con aspecto de serpiente antropomorfa, al ver las dificultades de los hombres para cazar, extrajo de su cuerpo una costilla e hizo un boomerang que se convirtió en el arma fundamental de los aborígenes. Sin embargo, los hombres se volvieron demasiado orgullosos de sus habilidades al lanzarlo, hasta el punto de llegar tan alto que agujerearon el cielo. Bobbi Bobbi descargó entonces toda su furia y devoró a los hombres que habían intentado desafiar a los dioses.

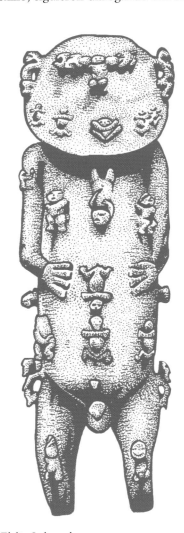

El dios Imberombera

✠ EL *DIDJERIDOO*

Tradicionalmente, este instrumento, hecho con el tronco de un eucalipto horadado por las termitas, se tocaba con la técnica de la hiperventilación respiratoria, que puede provocar estados de trance. Sin duda una característica que ha hecho que el didjeridoo se relacionara con el mundo de los espíritus y las divinidades.

NAN MATOL

Ruinas habitadas por los espíritus

Nan Matol, una pequeña isla del océano Pacífico del grupo de las Carolinas, encierra en su legado de piedra y vegetación salvaje un misterio arqueológico que sigue siendo el centro de arriesgadas teorías. Alrededor de la isla hay una cincuentena de islotes artificiales con una extensión total de 17 kilómetros cuadrados, donde se localizan numerosas ruinas de edificios realizados en basalto según un método constructivo muy avanzado.

Esta isla, aunque fuera descubierta por los europeos a finales del siglo XVI —cuando desembarcó en ella el español Álvaro de Mendana de regreso de Perú—, siempre se ha encontrado fuera de las rutas principales, lo que ha determinado sin duda su conservación y, al mismo tiempo, ha alimentado el misterio.

Gran parte de lo que sabemos de Nan Matol proviene de las memorias de un marinero irlandés, James O'Connel, que naufragó en ese archipiélago en 1826: «Mi experiencia más extraordinaria (pero que con el

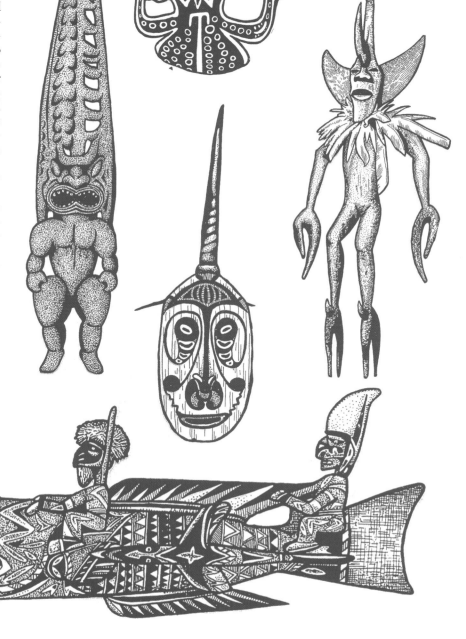

Varias representaciones de divinidades

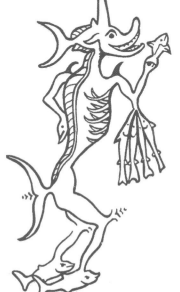

tiempo sólo se escuchará con incredulidad) fue el descubrimiento de una gran isla deshabitada, pero cubierta de espléndidas ruinas, de construcciones completamente diferentes a las edificaciones de los indígenas y de estilo extraordinariamente avanzado. Los frutos de los árboles nacen sin que ninguna mano humana intervenga, porque sería imposible convencer a los isleños de Bonape (una isla vecina) para que se dedicaran a recogerlos o incluso a cogerlos del suelo. Vistas desde lejos las ruinas tenían un cierto aspecto de fantástico amasijo de piedras, como los que en ocasiones la naturaleza se divierte en formar, pero a medida que se acercaban, quedamos desconcertados ante esos signos inequívocos de la obra del hombre [...]. Tenían varios metros de altura y, si bien parecían en ruinas en algunas partes, en la mayoría de su trazado estaban en cambio en óptimas condiciones de conservación [...]. En todas partes reinaba una profunda soledad. Ni una señal de vida aparte del vuelo de algún pájaro asustado por nuestro paso. Bajamos a tierra en un punto en que los muros se alejaban ligeramente del canal, pero el pobre indígena, paralizado por el miedo, se negó en redondo a abandonar la embarcación. Vimos que los muros rodeaban patios circulares. Entramos en uno de ellos invadido por hierbas y árboles. Nada excepto las paredes daba fe del antiguo paso de seres humanos. Las paredes estaban hechas con piedras de diferentes tamaños, entre uno y diez pies de largo y uno y ocho de ancho [...].

Al volver a la piragua, nuestro acompañante indígena no supo decirnos nada acerca del origen de esas ruinas, sólo sabía que ese lugar estaba habitado por espíritus».

Lo cierto es que parece natural pensar en los «espíritus» en general si se considera que todo el conjunto de Nan Matol no ha aportado ningún resto arqueológico y que, además de los muros gigantescos, no hay nada que permita asociar esta antigua ciudad en el océano con una época o una etnia.

Por supuesto, no faltan las teorías que han visto en el conjunto de islas alrededor de Nan Matol los restos de la Atlántida o de Mu, continentes desaparecidos que forman parte de la mitología. Es evidente que algo extraño rodea a esta isla. Además de la falta de cualquier tipo de restos, debe tenerse en cuenta que los bloques de basalto —una roca volcánica— usados para la construcción provienen de un lugar a muchas millas de distancia de donde se encuentran. Su traslado habría requerido, por tanto, una gran cantidad de maderamen, material que es raro por estos lugares si se excluye la franja costera con una vegetación arbórea integrada básicamente por cocoteros.

¿Pudo producirse también aquí una destrucción sistemática como en la Isla de Pascua? Nunca lo averiguaremos. Sólo sabemos que para los indígenas esas ruinas son la morada de los espíritus y que sus secretos son tabú para todos los hombres que, al mirar los grandes muros de Nan Matol, se sienten pequeños.

✸ EL LEGENDARIO CONTINENTE DE MU

Mu, como la Atlántida y Lemuria, es patrimonio de la leyenda más que de la historia. Un misterioso continente desaparecido del que sólo hay suposiciones y teorías, porque nunca se ha averiguado nada determinante de las excavaciones arqueológicas ni de las fuentes del pasado. Uno de los primeros en apoyar la existencia de Mu fue Augustus Le Plongeon, que en la segunda mitad del siglo XIX dirigió las excavaciones arqueológicas en el Yucatán descubriendo numerosas ruinas de la civilización maya. Este estudioso sostenía que el continente estaba situado en el océano Pacífico y que desapareció como consecuencia de una hecatombe, quizás un terremoto. Siempre según Le Plongeon, los mayas y también los egipcios fueron los descendientes de los misteriosos habitantes de Mu.

BIBLIOGRAFÍA

AA.VV., *Gli ultimi misteri della terra*, Milán, 1997.

BEDETTI, S., *Las cartas adivinatorias de los Indios de América,* Barcelona, Editorial De Vecchi, S.A., 2000.

BÉGUIN, G., *Dieux et demons de l'Himalaya*, París, 1977.

BELL, C., *The Religión of Tibet*, Londres, 1968.

BERLITZ, C., *Mensajes enigmáticos del pasado*, Barcelona, Bruguera, S.A., 1980.

BOSI, R., *I grandi regni dell'Africa Nera*, Milán, 1987.

BRASCHI, E., *Il popolo del grande spirito*, Milán, 1986.

BRUCHAC, J., *La capanna del sudore. Storia e leggende*, Milán, 1996.

CARMIGNAC, J., *Les Textes de Qumrân traduits et annotés*, París, 1961.

CASTELLANI, V., *Quando il mare sommerse l'Europa*, Turín, 1999.

CERAM, C. W., *Civiltà al sole*, Milán, 1958.

CERNY, J., *Ancient Egyptian religión*, Londres, 1952.

CLADSTONE, B., *A History of Egyptian Archeology*, Londres, 1967.

CLARKE, R., *Mito e simbolo nell'antico Egitto*, Milán, 1968.

CROWDER, M., *History of West Africa*, Londres, 1971.

D'AMICO, R., *Le terre del mito*, Turín, 1979.

DAUMAS, F., *Les dieux de l'Egypte*, París, 1965.

DAVID, A. R., *Il culto del sole*, Milán, 1981.

DESCHAMPS, H., *Les Religions de l'Afrique Noire*, París, 1960.

DI NOLA, A. M., *L'Islam. Storia e segreti di una civiltà*, Roma, 1998.

DUHAIME, J., *Gli Essen de Qumrân*, Milán, 1997.

DUPONT-SOMMER, A., *Les Ecrits essénies découverts près de la mer Morte*, París, 1951.

FRANKFORT, H., *Reyes y dioses*, Madrid, Alianza Editorial, S.A., 1993.

FROBENIUS, L., *Storia della civiltà africana*, Turín, 1950.

GADDIS, V., *Miti e misteri degli Indiani d'America*, Milán, 1982.

GRAFT-JOHNSON, I. C. DE, *Le civiltà scomparse dell'Africa*, Milán, 1957.

GRINSELL, L. V., *Piramidi, necropoli e mondi sepolti*, Roma, 1978.

HADINGHAM, E., *I misteri dell'antica Britannia,* Milán, 1981.

HORNUNG, E., *Gli dei dell'antico Egitto*, Roma, 1992.

HULTKRANZ, A., *The Religions of the American Indians*, California, 1979.

HUTIN, S., *Civiltà misteriose*, Roma, 1974.

JACQUIN, P., *Storia degli Indiani d'America*, Milán, 1997.

KEYS, D., *Catastrofe*, Casale Monferrato, 2000.

LAPERROUSAZ, E. M., *Les Manuscrits de la mer Morte*, París, 1976.

MAZZOLENI, G., *Miti e leggende dell'Africa Nera*, Roma, 1988.

MORENZ, S., *Gli egizi*, Milán, 1960.

NORBU, N., *Il libro tibetano dei morti*, Roma, 1987.

PEDROTTI, W., *La mappa delle tribù degli Indiani d'America*, Verona, 1997.

PÉREZ DE LA HIZ, C., *La Atlántida y otros continentes sumergidos*, Paracuellos del Jarama, Espacio y Tiempo, S.A., 1992.

PINOTTI, R., *I continenti perduti*, Milán, 1995.

POSENER, G., *De la divinité du Pharaon*, París, 1960.

RAWSON, P., *El Tíbet*, Madrid, Editorial Debate, 1995.

SCARCIA, B., *Il mondo dell'Islam*, Roma, 1981.

SCOTT-ELLIOT, W., *Historia de los atlantes*, Barcelona, Ediciones Obelisco, S.A., 1994.

SNELLGROVE, D. L., y H. RICHARDSON, *A Cultural History of Tibet*, Oxford, 1980.

TRAUNECKER, *Gli dei dell'Egitto*, Milán, 1994.

TUCCI, G., *Teoria e pratica del Mandala*, Roma, 1949.

VERSILUIS, A., *Gli Indiani d'America*, Milán, 1993.

WESTWOOD, J., *Atlas de lugares misteriosos*, Barcelona, Círculo de Lectores, S.A., 1989.

WIESNER, U., *Königreich im Himalaya*, Essen, 1977.

ZECCA, A. D., *Regni di pietra*, Milán, 1973.

ÍNDICE

Impreso en Italia por
Grafiche Milani
Segrate(Milano)